Saturação

OS LIVROS DO OBSERVATÓRIO

O Observatório Itaú Cultural dedica-se ao estudo e divulgação dos temas de política cultural, hoje um domínio central das políticas públicas. Consumo cultural, práticas culturais, economia cultural, gestão da cultura, cultura e educação, cultura e cidade, leis de incentivo, direitos culturais, turismo e cultura: tópicos como esses impõem-se cada vez mais à atenção de pesquisadores e gestores do setor público e privado. Os LIVROS DO OBSERVATÓRIO formam uma coleção voltada para a divulgação dos dados obtidos pelo Observatório sobre o cenário cultural e das conclusões de debates e ciclos de palestras e conferências que tratam de investigar essa complexa trama do imaginário. As publicações resultantes não se limitarão a abordar, porém, o universo limitado dos dados, números, gráficos, leis, normas, agendas. Para discutir, rever, formular, aplicar a política cultural é necessário entender o que é a cultura hoje, como se apresenta a dinâmica cultural em seus variados modos e significados. Assim, aquela primeira vertente de publicações que se podem dizer mais técnicas será acompanhada por uma outra, assinada por especialistas de diferentes áreas, que se volta para a discussão mais ampla daquilo que agora constitui a cultura em seus diferentes aspectos antropológicos, sociológicos ou poéticos e estéticos. Sem essa dimensão, a gestão cultural é um exercício quase sempre de ficção. O contexto prático e teórico do campo cultural alterou-se profundamente nas últimas décadas e aquilo que foi um dia considerado clássico e inquestionável corre agora o risco de se revelar pesada âncora. Esta coleção busca mapear a nova sensibilidade em cultura.

Teixeira Coelho

Michel Maffesoli

SATURAÇÃO

Tradução
Ana Goldberger

Coleção Os livros do Observatório
Dirigida por Teixeira Coelho

Copyright © CNRS Éditions, 2010

Capa
Michaella Pivetti

Fotos da capa
imagens extraídas do site livre www.sxc.hu
Agradecimentos para a autora da foto: Amr Safey (Alexandria, Egito).

Revisão
Alexandre J. Silva
Ana Luiza Couto

(Este livro segue as novas regras do Acordo Ortográfico da Língua Portuguesa.)

CIP-BRASIL. CATALOGAÇÃO-NA-FONTE
SINDICATO NACIONAL DOS EDITORES DE LIVROS, RJ

M162s

Maffesoli, Michel, 1944-
    Saturação / Michel Maffesoli ; tradução de Ana Goldberger. —
São Paulo : Iluminuras : Itaú Cultural, 2010.
    120.

    ISBN 978-85-7321-325-6 (Iluminuras)
    ISBN 978-85-7979-002-7 (Itaú Cultural)

    1. Civilização moderna. 2. Pós-modernismo - Aspectos sociais.
3. Cultura. 4. História social. 5. Ciências Sociais - Filosofia. I. Instituto Itaú Cultural. II. Título.

10-2452.   CDD: 909
               CDU: 94

26.05.10 04.06.10   019413

2010
EDITORA ILUMINURAS LTDA.
Rua Inácio Pereira da Rocha, 389 - 05432-011 - São Paulo - SP - Brasil
Tel./Fax: 11 3031-6161
iluminuras@iluminuras.com.br
www.iluminuras.com.br

Para Iris, a recém-chegada

SUMÁRIO

Prefácio à edição brasileira, 11
  Michel Maffesoli

APOCALIPSE

Opinião pública / opinião publicada, 19
Tribos pós-modernas, 31
Rumo à guerra civil?, 45

MATRIMONIUM
Pequeno tratado de ecosofia

I. Do progresso ao progressivo, 59
II. O mito do Golem, 67
III. Apokatastasis, 81
IV. Geossociologia, 95

Sobre o autor, 109

PREFÁCIO À EDIÇÃO BRASILEIRA

Uma mudança central está acontecendo. A matriz social moderna revela-se cada vez mais infecunda. A economia, os movimentos sociais, o imaginário, e até mesmo a política estão sofrendo a ressaca de uma onda gigantesca cuja real amplitude ainda não se consegue avaliar.

Mutação social que pede uma transmutação da linguagem: pós-modernidade é isso.

Ao mesmo tempo, é preciso ter a humildade de reconhecer que essa passagem de um estado de coisas a outro não é algo novo. Humildade difícil tanto o mito do Progresso nos obseda. Difícil, portanto, admitir que, naquilo que G. Vico chamava de "corsi e ricorsi"[1] das histórias humanas, exista uma ressaca: retorno violento de coisas que se imaginavam definitivamente ultrapassadas.

No entanto, para ficar apenas com duas expressões de nossa tradição cultural, desde Anaximandro, com seu pensamento original, somos lembrados dessa relação constante entre "genesis kai fthora", a gênese e o declínio. Ao que responde, como eco, a filosofia esotérica da Idade Média: "solve et coagula", dialogismo entre a dissolução e a recoagulação. Essas são outras tantas coisas que nos chamam a atenção para as metamorfoses que constantemente encontramos na natureza e na cultura.

---

[1] "Marchas e contramarchas", referindo-se a que a história é cíclica. (N.T.)

Na mesma ordem de ideias, uma noção proposta pelo sociólogo P. Sorokin, especialista das obras da cultura, mostra--se muito instrutiva: saturação. Processo, quase químico, que dá conta da desestruturação de um dado corpo e que é seguida pela reestruturação desse corpo com os mesmos elementos daquilo que foi desconstruído. Trata-se portanto de uma estrutura antropológica que se encontra na filosofia, na literatura, na política e também na existência cotidiana, que é essa relação íntima e constante entre a "pars destruens" e a "pars construens". Aquilo que, em todas as coisas, se destrói e se reconstrói. Vida e morte ligadas numa combinação íntima e infinita.

É isso que, sob dois ângulos distintos, quero mostrar no que chamo de "APOCALIPSE" (em sentido etimológico, revelação) e "MATRIMONIUM" ("ecosofia" ou sabedoria da casa comum). É exatamente isso, tenho certeza, que meus amigos brasileiros conhecem de modo intuitivo e é isso que vivem de modo natural!

Mas, antes de entrar no âmago da questão, é preciso insistir mais um pouco, "é preciso insistir muitas vezes", disse Maquiavel, na dificuldade de aceitar, na tradição ocidental, essa coincidência dos opostos. Isso porque, em seu sentido estrito, ela surpreende. Como um raio, essa ideia causa estupor uma vez que põe por terra as seguranças e outras certezas habituais que funcionam como os guardiões do sono dogmático.

Mutação e transmutação sempre suscitam temor e terremotos. E é bem sabido, de memória imemorial, que aquilo sobre o que repousa o conformismo, teórico ou existencial, é o medo. Conformismo metodológico e epistemológico que resulta do medo dos intelectuais literalmente siderados pelos grandes sistemas teóricos elaborados nos séculos XVIII e XIX. Conformismo cultural que, nas redações dos jornais, faz que se fale obrigatoriamente do livro, do filme, do espetáculo, da exposição da qual "é preciso" falar por medo de que se esteja perdendo algo importante. Medo da classe política que, diante das eleições, prefere seguir no sentido comum a inovar, propor ideias prospectivas mais afinadas com o espírito do tempo.

Em suma, aquilo que Durkheim chamava de "conformismo lógico" prefere continuar a gerenciar um instituído normal a um instituinte possivelmente perigoso.

É essa a dificuldade que existe para apreender-se a pós--modernidade nascente, dificuldade que consiste em reduzir um real denso e complexo a uma "realidade" mensurável. Compartimentando seu estudo em disciplinas separadas e que se excluem, chega-se a uma "vida social" da qual a própria vida está ausente. A taxonomia, quer dizer, o prurido das leis, leva à taxidermia: mata-se o objeto para melhor estudá-lo. Com isso, não é mais possível enxergar, não se sabe mais como enxergar, instala--se uma recusa de enxergar o vivido, inclusive naquilo que tem de dinâmico e inquietante. A grande mentira impera, senhorial, na sociedade estabelecida. Ouçamos Marcel Proust: "é de tanto mentir aos outros, e também a nós mesmos, que deixamos de perceber que mentimos". Dito e feito! É essa mentira que é preciso superar se, por honestidade intelectual, queremos estar afinados com a ambiência do momento, com o ruído de fundo do mundo.

E aqui, mais uma vez, eu, que sou apenas um simples observador do que acontece no Brasil, considero que esse país, por sua própria vitalidade, está afinado com esse ruído de fundo.

No entanto, é preciso notar que a conspiração do silêncio não é mais tão hermética quanto foi. De fato, houve um esforço para aquartelar o "pós-modernismo" no domínio da arte. Ali ele não tinha consequências muito sérias. Enquanto isso, havia uma recusa em localizar os fatos e efeitos pós-modernos na vida social. Mas, pelo menos da boca para fora, começa-se a sussurrar agora que a crise atual não é apenas econômica porém sim "societal".

No entanto, não é com a ajuda da covardia que se vai chegar ao ponto de dizer que um gato é um gato. Daí essas fórmulas alambicadas que pululam: modernidade segunda, modernidade tardia, sobremodernidade, alta modernidade, hipermodernidade... (caro leitor, complete a lista como quiser). Esperamos, agora, por uma "modernidade avançada" ou "faisandée", símbolo de um corpo que apodrece. Uma falsa trégua. A casa está pegando fogo e tenta-se salvar os móveis. Para dizê-lo de modo direto: estão tratando de salvar, por medo, por dogmatismo, os valores que foram elaborados num dado momento (séculos XVII-XIX) num dado lugar: a Europa. Valores próprios do Contrato social e que são apresentados como universais, aplicáveis sem distinção em todos os lugares e todos os tempos. Não! Trata-se agora de um autêntico Apocalipse. De um alegre apocalipse no qual a "lei do pai" horizontaliza-se em "lei dos irmãos": ecosofia.

As expressões mencionadas são o nariz de cera de um Universalismo cuja morte não se quer admitir. O que se está usando são táticas diversionistas. Quer-se evitar reconhecer que as pedras fundamentais da arquitetônica ocidental ou Moderna — Indivíduo, Razão, Economia, Progresso — estão saturadas. É bem conhecida a origem religiosa desse Universalismo. É urgente mostrar que é exatamente essa origem, o monoteísmo próprio da tradição semítica, que não mais se afina com um politeísmo, um policulturalismo que caracteriza, empiricamente, a situação atual. Também aqui o Brasil pode nos ensinar muita coisa!

Não é mais possível negar que a pós-modernidade está aqui, e bem instalada. A pretensão das páginas que se seguem é refletir sobre aquilo que está sendo amplamente vivido. Aceitem esse desafio, caros leitores!

Michel Maffesoli
Membro do Institut Universitaire de France
www.michelmaffesoli.org

APOCALIPSE

Apocalipse
do grego *apokalypsis*, que contém *kalyptô* (cobrir, encobrir, ocultar) e o prefixo apó (ἀνα-, ἀπο-, δια-, ἐκ-), com o significado final de "descobrir, desvendar, revelar". Apocalipse, revelação.

OPINIÃO PÚBLICA / OPINIÃO PUBLICADA

"...um pensamento perigoso está sempre em perigo"
Gottfried Benn

A confusão das palavras acaba, sempre, por provocar a confusão das coisas. A literatura, bem como a experiência comum, mostra aonde isso vai dar, rapidamente: à confusão dos sentimentos, quer dizer, dos modos de vida. Assim, nos períodos de mudança é urgente encontrar palavras, se não totalmente adequadas, pelo menos que sejam o menos falsas possível. Palavras que, pouco a pouco, (re)transformam-se em palavras fundadoras, ou seja, que garantem a instalação do estar-junto que está emergindo.

E, no meio de todas essas banalidades que é importante relembrar, está-se no limiar de uma nova era. E é inútil querer remendar as ideologias elaboradas nos séculos XVIII e XIX e com as quais fomos, em todos os sentidos da palavra, irradiados. Sim, é preciso revirar de cabeça para baixo as ideias rançosas, jogar fora as análises pomposas e um tanto insípidas. Em suma, descerrar os olhos.

Mesmo sabendo que isso nunca é fácil, ainda mais levando em conta que está muito difundido aquilo que Durkheim chamava, justamente, de "conformismo lógico". Ele favorece a preguiça intelectual e as diversas formas de inquisição, engen-dradas em todos os tempos por esse instinto de preservação que faz preferir o aprisionamento dogmático ao vasto espaço dos pensamentos amplos.

Isso não é fácil, pois, especialmente nos dias de hoje, confunde-se opinião pública com opinião publicada. Esta (a publicada) não deixa de ser uma *opinião*, mas pretende ser um saber, uma competência, até mesmo uma ciência, ao passo que aquela (a pública) tem consciência de sua fragilidade, de sua versatilidade, em suma, de sua humanidade. Seria isso que Maquiavel chamava de "pensamento da praça pública"?

Penso que convém ficar o mais próximo possível desta última. Ficar perto de um *real* não é, simplesmente, esse *princípio de realidade*, asfixiador permanente de todas as audácias existenciais. Quanto à "opinião publicada", ela continua a repetir exaustivamente algumas ideias convencionais, lugares-comuns e outras verborragias com base nos bons sentimentos.

Mas, aí é que está, ela é fácil de engolir e, portanto, é muito conveniente para a midiacracia que se acomoda numa mediocridade generalizada. Ela se esforça para impor o silêncio nas fileiras a fim de que cada um possa avançar em passo ritmado. Silêncio, homens ronronando!

Na corte dos imperadores bizantinos, existiam os *silenciadores* oficiais. A função deles era fazer calar os perturbadores de toda ordem, para que reinasse apenas o pensamento estabelecido. Para usar palavras contemporâneas, trata-se da conspiração do silêncio, descartando insidiosamente todas as análises que lembram que não se saberia reduzir o grande *desejo* de viver, em seu aspecto qualitativo, à mesquinha *necessidade* em seus limites quantitativos.

Lembremos, aqui, a sabedoria imemorial que Virgílio ecoava ao rememorar: "*Magnus ab integro saeculorum nascitur ordo*". Sim, a grande ordem dos séculos nasce sobre novas bases. Existe um retorno regular dessas *bases* primeiras que, em nosso progressismo nativo e ingênuo, acreditávamos ter ultrapassado. E é isso, entenda-se bem, que convém pensar: em certos momentos, um retorno ao original através do original.

Há diversas palavras, empregadas mais ou menos adequadamente, que prestam contas da necessidade de retornar àquilo que fundamenta o vínculo social. Como a palavra "crise". Um termo genérico, que pontua tanto os discursos políticos quanto os artigos de jornal e que frequentemente é ouvido nas conversas dos cafés da moda.

Recessão econômica, perturbação moral ou física, situação tensa no domínio político ou institucional. Pode-se multiplicar à vontade as definições e campos de aplicação desse misterioso ectoplasma que é a crise. De minha parte, eu diria que, por meio desse termo, expressa-se a necessidade do retorno periódico *ad integrum*", retorno aos fundamentos, aos fundamentais. Em certos momentos, uma sociedade não tem mais consciência daquilo que a mantém unida e, a partir daí, ela não tem mais confiança nos valores que garantiam a solidez do vínculo social. Basta pensar neste exemplo simples: a relação de amor ou de amizade se esfacela. Sem que se saiba bem por quê. Pelo uso. Pelo cansaço. E são todos os elementos que constituem essa relação de amor ou de amizade que, de repente, desmoronam.

A crise acontece quando não mais se pode dizer, como dizia Montaigne para explicar sua amizade com La Boétie: "é porque era ele, é porque era eu". Esse processo pode ser encontrado em muitos campos: físico, psicológico, espiritual, cultural, afetivo. Acontece nos momentos em que, em seguida a uma aceleração ou mesmo uma intensificação da energia, o corpo (físico, social, individual, místico) alcança seu apogeu. Que, por um curioso paradoxo, inverte-se em hipogeu. Retorno ao subterrâneo, retorno ao túmulo, símbolos de uma construção futura.

Assim, para o que interessa aqui, quando uma *civilização* já deu o melhor de si mesma, ela sente a necessidade de retornar a sua origem. Invertida, ela se transforma em *cultura*.

Dentro da atual confusão dos espíritos, as palavras são utilizadas, indiferentemente, uma pela outra. Para simplificar, a civilização é a maneira de gastar, talvez de dilapidar o tesouro cultural. Este, por sua vez, é o *fundo*, os *fundos* que asseguram *stricto sensu* a vida social, permitindo que perdure, além e aquém das vicissitudes da existência, o estar junto fundamental.

O choque amoroso é cultural; a conjugalidade, civilização. O estado nascente é, em todos os campos, o que forma a cultura de um povo. Mais adiante, vem a formação da rotina política, filosófica, organizacional. O que era *gênesis*, juventude vivaz e espontânea, enrijece-se em instituição. A flexibilidade existencial esclerosa-se e a vitalidade inverte-se em ânsia de morte. O felino vigoroso passa a se parecer a um gato vira-lata castrado que, destituído de sua *libido*, engorda desastrosamente.

A partir de então, no melhor dos casos, surge algo que provoca um sobressalto. Em outras palavras, a época fica à espera de seu próprio *apocalipse*.

Certamente, não é preciso dar a esse termo um significado por demais dramático ou mesmo melodramático. Drama ou melodrama são, não podemos esquecer, uma sequência incoerente de situações imprevistas, de peripécias imprevisíveis. Não, o apocalipse em seu sentido mais primordial é aquilo que apela à *revelação* das coisas.

Portanto, ele não é incoerente. Mas, sim, *incoativo* ao expressar o necessário (re)começo daquilo que se esclerosou. O aperfeiçoamento daquilo que estava amortecido. O que dá nova força e vigor às instituições enlanguescidas. Eu falei em sobressalto, pode-se acrescentar surreal, ou seja, acréscimo de vida a uma realidade que a civilização *burguesista* reduziu ao mesquinho utilitarismo de um mundo quantitativo.

Calipso era uma ninfa de beleza singular, *fazia de sua imagem sua força de atração*. O fato de ela ser uma feiticeira em nada diminuía seu encanto. Pelo contrário. Ao se ocultar, misteriosa, ela é, retomando os termos empregados acima, *fundo* e *fundos*. Alguma coisa em potência, esperando sua atualização. Em suma, não há revelação se não houver ocultamento. Não há como aparecer se não estiver escondido. E às vezes esse ocultamento é essencial.

É assim que convém entender o apocalipse: aquilo que revela o que está oculto. O que torna aparente o segredo do estar-junto. Aquilo que, além das representações a que estamos por demais acostumados, torna presente, faz a *presentação* do que está ali, indubitável, irrefutável, intangível.

Podem ser os *arquétipos* de C.G. Jung, os *resíduos* de Vilfredo Pareto, as *estruturas* de Lévi-Strauss, os *fatos sociais* de Durkheim, pouco importam as noções, basta que se preste atenção aos subterrâneos que servem de fundações para toda a vida social. É nisso que consiste, em seu sentido estrito, um *pensamento apocalíptico*. Ele é revelador daquilo que está ali, mas que se tinha tendência a esquecer. O estar ali. O estar, simplesmente.

Sinais, agora irrefutáveis, estão em vias de aparecer no céu de nossa sociedade. Não se podem mais ignorá-los, tanto mais que eles tendem a encarnar-se. Esses *sinais* enraízam-se nesta terra. Pois é bem neste mundo e não num outro *por vir*, que *está* a preocupação primordial da socialidade pós-moderna.

Conforme um ditado da sabedoria popular que foi retomado, a seguir, por muitos pensadores, é preciso ver bem para trás, para poder ver *muito à frente*. E perceber o que está germinando permite compreender seu florescimento. É assim que o espírito romântico do século XIX, ignorando o utilitarismo e não fazendo nenhum esforço de adaptação social, pode esclarecer esse *romantismo da terra* que, hoje em dia, assume as formas mais diversas.

Romantismo que se manifesta na vinculação com o território, na importância do localismo, na atenção aos produtos da terra local, nos alimentos orgânicos. Em suma, pela sensibilidade ecológica. Romantismo da terra naquilo que dá ênfase a um sentimento subterrâneo. Quer dizer que, ao menos confusamente, as pessoas se sentem *autóctones*, fazendo parte, para o que der e vier, dessa mesma terra.

Ao contrário dos diversos transcendentalismos excretados pela tradição ocidental, quer sejam religiosos (a Cidade de Deus) ou políticos (a sociedade perfeita, *o amanhã que vai raiar*), a preocupação pagã deste mundo traduz um profundo imanentismo, dando-se importância ao fato de *estar ali*, com todas as consequências que isso não deixa de ter. Sendo a mais importante, com certeza, bem entendido, o foco voltado ao presente.

O *presenteísmo* já foi analisado por mim anteriormente, reinterpretando o *"carpe diem"* de antiga memória e traduzindo um hedonismo difuso que é fácil condenar quando se esquece que ele deu origem a grandes culturas. Mas é certo que privilegiar o presente, algo próprio da experiência vivida especialmente para as jovens gerações, tem pouco a ver com a ideologia *do projeto* que continua a ser o abre-te sésamo das diversas instituições sociais.

É ao manter em mente o predomínio do instante, de um *instante eterno*, que se pode apreender uma outra importante germinação, privilegiando a estética.

Esta pode ser entendida em seu senso estrito como aquilo que presta atenção à beleza do mundo. E, portanto, à beleza das coisas. São inúmeros os exemplos pleiteando esse sentido. Basta lembrar o que significa, simbolicamente, o surgimento do *design* no começo dos anos 1950. O objeto cotidiano, ao mesmo tempo que conserva sua função, é vestido, paramentado, significando com isso o desejo obscuro de que todos os momentos da existência façam parte de um eterno domingo da vida.

Pode-se lembrar, e todos os museus folclóricos, antropológicos ou *das artes primeiras* são testemunhas de que, nas sociedades pré-modernas, os objetos da vida ordinária tinham uma sacralidade própria. Pedaços do mundo, eles se beneficiavam da *aura* deste. Eles estavam envoltos em solicitude, ou mesmo respeito, e isso se manifestava por sua beleza intrínseca.

É isso que ressurge na preocupação com o belo que se vai reencontrar nos objetos domésticos, na distribuição do espaço, na multiplicidade de revistas e lojas dedicadas à "arte da decoração". Há futilidade no ar. Mas corre o risco de ser fútil quem não se interessa por ela. Pois é frequente na história humana que a *superfície das coisas* ganhe importância primordial.

Assim, não é mais o *desenvolvimentismo* que prevalece, mas sim um consequente *envolvimentismo*. Nesse sentido, a estética consiste em se enrodilhar nas pregas desta terra e não mais em violentá-la a qualquer preço. Se, aqui, retomo uma expressão que propus para apreender os arcanos da pós-modernidade, é decerto uma *ética da estética* que está em gestação. Em seu sentido estrito, um vínculo criado a partir da partilha entre a beleza e as emoções que ela não deixa de provocar.

O *ethos* depende sem dúvida de usos e costumes, originados de um determinado lugar. Portanto é uma ética, às vezes imoral, que se manifesta nas inúmeras efervescências da vida social. E, aqui, está-se no núcleo de uma estética que convém compreender em seu sentido amplo. Ou seja, aquele do compartilhamento de paixões e emoções coletivas.

Existe, aliás, um neologismo que bem o expressa, *o emocional*. Convém lembrar que ele manifesta, não um caráter psicológico individual, mas um ambiente específico em que está imersa a tribo à qual se pertence. É, portanto, em termos climáticos que se podem entender as especificidades das tribos sexuais, musicais, religiosas que, cada vez mais, vão constituindo a vida social.

Mas a atmosfera é, por definição, vaporosa, evanescente, daí a necessidade de saber construir uma maneira mais qualitativa de apreendê-la, se se quer estar em harmonia com a estética relacional que tudo isso não deixa de originar.

Os anos 1950 para o *design* e os anos 1960 para o surgimento das emoções coletivas, o romantismo do século XIX: aí estão as raízes da mutação que não se pode mais dizer que está em gestação, tão evidentes são suas manifestações.

A época troca de pele, a época trocou de pele. Essas mudas de pele podem ser observadas, com regularidade, no curso da história humana. Há ciclos mais ou menos longos. *Corsi e recorsi*, segundo Vico. Mas, ao deixar sair uma pele, o animal recobra uma nova juventude. Talvez seja também assim que convenha compreender a muda pós-moderna. A de uma vitalidade reno-vada, de um prazer de viver reforçado e, portanto, de um *ser mais* cujas manifestações podem nos consternar, mas que, nem por isso, deixam de traduzir um obstinado desejo de viver, que não deixa de surpreender.

Vitalidade, vitalismo e, portanto, filosofia da vida: isso é que é difícil de aceitar, tão obnubilados estão nossos sistemas de interpretação por uma saudade onipresente. Saudade de um paraíso perdido. Saudade de um paraíso futuro. É ela que, no decorrer do tempo, deu forma a toda a cultura cristã: pintura, arquitetura, sistemas teológicos, tudo isso marcado pelo selo do abandono, tudo assombrado pelo pecado original. Ela também pode ser encontrada nas teorias da emancipação, próprias à época dinâmica que foi o século XIX. Elas se dedicavam a mobilizar a energia coletiva tendo em vista uma sociedade perfeita que indubitavelmente iria vir.

Tudo isso já foi muitas vezes dito, analisado, comentado. Mas essas *evidências* intelectuais, como acontece com frequência, não permitem perceber o que é *evidente*. E, para fazer isso, é preciso descer às origens do *estar junto*.

Isso levará à constatação de que, quando se observa a sucessão das histórias humanas, não há outras opções a não ser a *política* ou o *jogo*. Assim, ao ritmo de um pêndulo cíclico, uma cede o lugar ao outro e vice-versa. Essa oscilação tem recebido diversos nomes. A mitologia, a literatura, até mesmo o pensamento filosófico ou sociológico têm evocado os papéis desempenhados por Prometeu ou Dionísio. Aliás, pouco importam os nomes. Basta lembrar que são figuras emble-máticas, representando polaridades inversas, porém não menos complementares. Uma espécie de *complexio oppositorum*.

Quando prevalece uma dessas figuras, a outra não de-saparece; pelo contrário, fica ali, a *mezzo voce*, à espera de ressurgir. Desse modo, o prometeísmo próprio do mito progressista da modernidade marginalizou a figura de Dionísio. E, obnubilado pela ideologia produtiva ou, para retomar uma expressão marxista, pelo *valor trabalho*, tem--se dificuldade em compreender, em simplesmente ver, que uma inversão de polaridade está em curso, e que os valores dionisíacos contaminaram uma boa parte da mentalidade contemporânea.

Pequena observação semântica. Talvez seja isso que é chamado, sem que se tenha muita consciência, de *societal*. Não é mais o simples social de dominante racional, tendo por expressão o político e o econômico, mas sim uma *outra maneira* de estar junto, em que o imaginário, o onírico, o lúdico, justamente, ocupam um lugar primordial.

Então, não será necessário ser um jogador para abordar a vida em sociedade? Por que não, já que o espírito do tempo leva a isso? Será provocação? Com certeza, se se lembrar a etimologia da expressão "convocar para a linha de frente". No caso, participar da dinâmica da época e apreciar a *socialidade* específica que é sua manifestação. Os chatos têm medo de tudo isso. Mas isso não tem importância, porque, além ou aquém dos julgamentos morais, o que preocupa um espírito livre é a compreensão em profundidade dessa *ética da estética* que está em jogo.

É preciso, então, levar a sério esse cimento da sociedade que é a *orgia*. Por essa palavra, entendo não um trivial excesso sexual, a que gostariam de reduzi-la aqueles que são obcecados pela miséria do mundo, mas, pelo contrário, o fato de que em certos momentos, por redes subterrâneas mas não menos vigorosas, uma energia inegável percorre o corpo social.

É essa a vitalidade irreprimível que as elites, curiosamente, dedicam-se a negar. O jogo das paixões, a importância das emoções, a pregnância dos sonhos como cimento coletivo. É isso a *orgia* dionisíaca. E é bom lembrar que foram numerosos os grandes momentos culturais que se basearam em tais premissas. E quando isso ocorre, de nada serve representar o papel do cavaleiro da triste figura ou de outros imprestáveis de plantão. É melhor, em seu sentido pleno, acomodar-se ao que existe, e isso a fim de evitarem-se as perversões sempre possíveis. Ajustar-se ao espírito do tempo para fazer que ele renda o máximo que puder.

É verdade que, no que se refere ao velho Marx, a coisa era com certeza mais sutil. Mas a mecânica oposição entre *infraestrutura* e *superestrutura*, com a prevalência da primeira, passou a integrar a *doxa* comum. No caso, prioridade à economia, ao trabalho, à produtividade. É sobre esse princípio que se baseou o êxito da modernidade e seu bom desempenho. O mito do Progresso é sua expressão mais incontestável. E, sem saber, sem querer, esse simplismo marxista contaminou os espíritos mais atentos.

Mas, com referência à mutação em questão, é preciso reconhecer que também ali está ocorrendo uma inversão. Inversão que força a reconhecer que é, antes, nas mentes que ocorrem as grandes transformações. Ou, para ser mais preciso, são as mentes que provocam essas transformações. Que não se veja nisso um simples paradoxo, mas, antes, que se reconheça que outra lógica está colocando-se no lugar da antiga.

Lógica muito antiga, aliás (novamente o pêndulo da história), que recoloca no proscênio da cena social a força do espírito. O êxito da palavra "imaginário" está aí para provar a inversão que está acontecendo.

Há alguns decênios, eram raros aqueles que, como o antropólogo Gilbert Durand, apostavam um *centavo furado* nas "estruturas do imaginário". Mas, como sempre, essa audácia teórica tende a se institucionalizar. E o imaginário é utilizado para tudo. Imaginário da política, da economia, da educação, da moda e ervilhas! Mas não importa que os espertalhões desvalorizem, mercadejem, deformem essa bela ideia. Isso significa, pelo contrário, que não se pode mais negar a importância do poder espiritual, o retorno vigoroso da cultura, o prevalecimento do imaterial, a presença do invisível.

Assim, quando os costumes livres e hedonistas são públicos, não se deve hesitar em dizê-lo, em apresentá-lo, em analisá-lo. Pois, como foi o caso em outros momentos, a leviandade, a frivolidade, os jogos das aparências expressam a sociedade. Isso pode parecer estar em contradição com aquilo que, na época, é oficial. A menos que, simplesmente, esteja na vanguarda. É aquilo a que Cocteau se referia quando observava que "quando uma obra parece estar à frente de seu tempo, é simplesmente que seu tempo está atrasado em relação a ela". Ou, de modo mais preciso, é porque aqueles que pretendem representar a época estão anos atrasados.

A estetização da existência, a arte infiltrando-se como capilares no conjunto da vida cotidiana, a tônica colocada no qualitativo, a recusa da pilhagem produtivista, a rebelião contra a devastação dos espíritos: é isso que se resume na figura emblemática de Dionísio.

Em tudo isso, há qualquer coisa de *mundano*. Quer dizer, uma ligação com este mundo. Uma concordância, bem ou mal, com esta terra, que tratam de aproveitar sem remorsos, nostalgicamente e sem esperar, melancolicamente, por outra.

Foi recusando essa *mundanidade* que os tempos modernos se constituíram ao teorizar a perda das raízes. Coisa que desembocou no célebre e real *desencanto com o mundo*, cuja genealogia foi estabelecida, com exatidão, por Max Weber. Perspectiva uraniana, em outras palavras. A energia individual e a coletiva voltadas para o céu. A economia da salvação, depois a economia *stricto sensu*, a história da salvação, depois a história consolidada em si mesma, terminando, nesse esquema, na primazia do Político. Pelo contrário, Dionísio é um deus subterrâneo, autóctone. E é em torno de uma figura como essa que tende a ocorrer uma espécie de volta às raízes. Um *enraizamento dinâmico*, naquilo que ele sabe mobilizar a energia para viver aqui e agora. É um enraizamento desses, cujas expressões são inúmeras, que pode permitir que se fale de um real *reencantamento do mundo*. Momento em que o jogo assume o lugar do político.

As etapas são conhecidas: o romantismo, o surrealismo, o objeto *"de design"*, a rebelião da vida cotidiana. Foi assim que, pouco a pouco, aconteceu a mudança de paradigma cujas várias manifestações é preciso ser muito cego para não enxergar. O espírito de seriedade do produtivismo moderno está sendo substituído por um lúdico ambiente. Às instituições racionais que tiveram seu apogeu do final do século XIX até a metade do XX, seguem-se as tribos pós-modernas que devem ser consideradas como a causa e o efeito de uma mutação, não sendo apenas um mero sonho para alguns *happy few*, mas um sonho que se tornou real para a grande maioria.

TRIBOS PÓS-MODERNAS

Ah! Essas *tribos* pós-modernas, depois de terem sido objeto de uma conspiração do silêncio das mais estritas, quanta tinta não terão feito escorrer! Tudo ao mesmo tempo para relativizá-las, marginalizá-las, invalidá-las e, a seguir, negá-las. E, enfim, os próprios autores dessa negação afirmando que elas estão ultrapassadas. Estranha lógica!

Voltando, entretanto, ao bom senso do bravo doutor Knock[1], é que "isso faz cócegas", a menos que "provoque uma comichão" em algum lugar. E é certo que, quando uma forma da trama social fica saturada e que outra (re)nasce, isso acontece, sempre, com receios e tremores. É o que faz com que certa gente boa possa ficar chocada com esse (re)nascimento, pois ele perturba um tanto a moral estabelecida. Da mesma maneira, algumas *boas almas* podem ficar ofuscadas com isso, pois, em geral, aquelas tribos não tem o que fazer com a primazia do Político.

Como eu já disse: Política ou Jogo. E a primazia deste é tão evidente que a própria política teatralizou-se, tornou-se objeto de ridicularização, em suma, foi contaminada pelo jogo.

Seja como for e seja qual for o sentimento que se tem em relação a elas, essas tribos pós-modernas estão aqui. E, a menos que todas elas sejam exterminadas, o que pode vir a ser difícil

---

[1] Personagem de romances satíricos de Jules Romains, ao estilo de Molière, sobre os médicos que se prevalecem da crendice popular. (N.T.)

já que nossos filhos fazem parte delas, é preciso "dar um jeito", acostumar-se com seus modos de ser e de se apresentar, com seus vários *piercings* e tatuagens, seus estranhos rituais, suas músicas barulhentas, em suma, com a nova cultura de que são os discípulos atentos e dinâmicos.

É verdade que o (re)aparecimento dessas novas maneiras de *estar junto* não deixa de ser desconcertante. Nem por isso é menos compreensível. De fato, da mesma forma como acontece com o indivíduo, ele se traduz num simples processo de compensação. Esquecendo progressivamente o choque cultural que lhe deu origem, a civilização moderna homogeneizou-se, racionalizou-se em excesso. E é sabido que "o tédio nasce da uniformidade". A intensidade do ser perde-se quando a domesticação foi generalizada.

Daí, o mecanismo de compensação quando um ciclo se encerra. Pouco a pouco, a heterogeneidade ganha espaço. Em vez de uma razão soberana, o sentimento de fazer parte se afirma. E, confrontado com uma tediosa tranquilização da existência, aquilo que Durkheim chamava de *efervescência* como elemento estruturante de toda comunidade retorna em bloco para o proscênio da cena social. De um modo difuso, o gosto pelo risco reafirma sua vitalidade. O instinto domesticado tende a voltar a ser selvagem. Em suma, sob múltiplas formas, o *primitivo* nos manda lembranças.

Mas talvez seja necessário lembrar de onde vinha essa tenaz e constante preocupação com a *domesticação* própria da tradição judaico-cristã ou, melhor, da ideologia semítica. Simplesmente da certeza da natureza corrompida do ser humano. É isso que fundamenta a moral e, o que vem a dar no mesmo, a política da modernidade. No lento processo de secularização, a Igreja, depois o Estado, cujo braço armado é o Político e a Tecnoestrutura, têm como função essencial corrigir o Mal absoluto e originário. Trata-se de uma *missão*, cuja hipocrisia será vista mais adiante, e que, sob diversos nomes, vai irrigar continuamente a vida pública ocidental.

Projeto prometeico, se tanto, do qual nunca será demais dizer que encontrou sua fonte no mandamento bíblico de "dominar a natureza" (*Gênesis*, cap. 1, v. 28) no que diz respeito ao ambiente: fauna e flora, mas também poder sobre o indivíduo e o social. É sobre essa *lógica da dominação* que vai ser construído o mito do Progresso e do igualitarismo, que é seu corolário imediato. Usando palavras mais comuns, as três tetas desse projeto são o higienismo (ou o risco zero), a moral e a sociedade "sem mácula".

Deve-se acrescentar, e não é menos importante, a especificidade cultural dessa tradição que foi o Universalismo. De São Paulo, sob um ponto de vista teológico, até o Século das Luzes, numa perspectiva filosófica, aquilo que foi o apanágio de algumas tribos nômades do Oriente Médio, depois característico de um pequeno canto do mundo, a Europa, deveria servir de critério para o mundo todo.

Note-se o fanatismo de tal pretensão. Mas foi esse fanatismo que, em fins do século XIX, permitiu que esses valores específicos se tornassem valores universais. E, quando o imperador Meiji do Japão abriu seus portos aos navios europeus ou quando o Brasil escreveu em sua bandeira a célebre frase de Augusto Comte, "Ordem e Progresso", pode-se dizer que a homogeneização do mundo chegou a atingir um apogeu jamais conhecido até então.

Mas não se pode ignorar que também existe uma patogênese nessa pulsão dominadora. Sem falar dos etnocídios e outros genocídios culturais, não seria inútil relembrar o vínculo existente entre, de um lado, o mito do Progresso e a filosofia iluminista e, do outro lado, os campos de concentração (em nome da pureza da raça ou da classe) e as guerras devastadoras e suicidas do século XX.

Ao dar excessiva importância à moral, que, sublinho, se baseia numa lógica do *dever-ser*, chega-se a abusos não previstos. Isso chama-se *heterotelia*. Consegue-se o contrário daquilo que se queria. Por exemplo, a tentativa de domesticação do *animal* humano leva-o a tornar-se *bestial*. Disso são testemunhas os vários campos e gulags do século passado. Efeito perverso, se se quiser, mas bem de acordo com a lógica da procura pela perfeição. Aí, de novo, a sabedoria popular, segundo Blaise Pascal, pode servir para alguma coisa, pois observa que "quem quer se passar por santo acaba sendo pecador"[2].

Não farei mais do que uma simples alusão aqui, mas há dois vícios de abordagem dos adeptos do universalismo ou, o que vem a dar no mesmo, dos protagonistas da filosofia iluminista: a hipocrisia e o iludir-se a si mesmo. Assim R. Koselleck (*Le Régne de la critique*, 1979) fez bem em observar que era, sempre, em nome da moral, de uma nova moral, que se queria governar no lugar daqueles que governam. Assim, falar em nome da Humanidade e da Razão é especialmente pérfido, pois isso mascara (mal) que a real motivação de todos esses "moralistas" é, simplesmente, o poder.

Poder econômico, poder político, poder simbólico, é esse o epílogo normal da filosofia da história e das filosofias morais. É sempre em nome do Bem, do Ideal, do Humano, da Classe e de outras entidades abstratas que são cometidas as maiores infâmias. Dentro do moralista há, sempre, um *ressentido* que dorme!

Essa é a origem de tudo. É isso que constitui o cérebro reptiliano do homem moderno e que permanece na base do pensamento estabelecido e das instituições sociais. Mas essa bela construção, aparentemente ilesa, está trincada por todo

---

[2] No original: *"qui veut faire l'ange, fait la bête"*, algo com significado semelhante a "por fora, bela viola, por dentro, pão bolorento" ou mesmo "santo do pau oco", embora esta última, historicamente, não tenha sido uma metáfora. (N.T.)

lado. E é bem dessa porosidade que as tribos pós-modernas são, ao mesmo tempo, causa e efeito.

O que manifestam elas a não ser o que, de modo pre-monitório, Nietzsche chamava de "a inocência do devir"? Aceitação do *amor fati*[3]. Consentimento dado a esta terra, a este mundo presente. Este último, ao contrário da doutrina judaico-cristã, não encontra sua origem numa criação *ex nihilo*, mas está aí, como um "dado" que convém, bem ou mal, aceitar.

É verdade que tudo isso não é conscientizado, nem mesmo verbalizado como tal. Mas fortemente vivido no retorno às tradições, religiosas ou espirituais, no exercício da solidariedade no dia a dia, na revivescência de forças primitivas. O que leva à (re)valorização dos instintos, das éticas, das etnias.

O que ocasiona essa nova sensibilidade, pode-se até dizer esse novo paradigma, é um potente imanentismo. Que pode assumir as formas mais sofisticadas ou as mais triviais. O hedonismo, os prazeres do corpo, o jogo das aparências, o presenteísmo, todos representam pontos naquilo que não é um ativismo voluntário, mas sim a manifestação de uma real contemplação do mundo.

Ou, em outras palavras, a aceitação de um mundo que não é o céu na terra e também não é o inferno na terra, mas, sim, a terra na terra.

Com tudo que isso comporta de trágico (*amor fati*), bem como de alegria. Deixar fazer, deixar viver, deixar ser. Essas bem que poderiam ser as palavras-chaves dessas tribos "inocentes", instintivas, algo animais e, certamente, bem vivas.

A modernidade que se esgota "desenervou", em sentido estrito, o corpo social. O higienismo, a securização, a racio-nalização da existência, as proibições de todos os tipos, tudo isso tinha retirado do corpo individual ou do corpo coletivo a capacidade de emitir as reações necessárias a sua sobrevivên-

[3] Amar o destino, amar o que der e vier. (N.T.)

cia. Pareceria, para retomar uma expressão de Georg Simmel, que se assiste, com a pós-modernidade, a uma "intensificação da vida dos nervos".

O instinto, o primitivismo, é devolver o lugar devido aos "nervos". É considerar que a característica própria da natureza humana de modo algum se resume ao cognitivo, ao racional, mas é, antes, uma *complexio oppositorum*", que se pode traduzir como uma colagem, um tecido de coisas opostas.

É tudo isso que convém saber ver na efervescência tribal contemporânea. Algumas de suas manifestações, já foi dito, podem nos desagradar ou nos chocar. Nem por isso elas deixam de expressar, talvez de modo inábil, a afirmação de que, de encontro ao pecado original, ao contrário da corrupção estrutural, existe uma bondade intrínseca no ser humano. E que o estojo dentro do qual este se situa, a terra, é igualmente desejável.

Mas tal imanência leva a uma perda de vigor da política. Ou melhor, leva a que esta, ficando de algum modo *transfigurada*, converta-se em *doméstica*, transforme-se em ecologia. *Domus*, *oikos*, palavras que designam a moradia comum que convém proteger da devastação a que fomos acostumados pela modernidade. As maquinações deste homem, "senhor e possuidor da natureza" segundo a expressão de Descartes, levaram à devastação que se conhece. As tribos, mais prudentes, mais precavidas também, dedicam-se a "maquinar" menos os outros e a natureza, e é isso que forma sua inegável especificidade. Também é essa recusa da *maquinação* política que se encontra na origem do temor inspirado por essa nova maneira de estar junto. Temor que engendra, como sempre acontece com esse tipo de sentimento, os exageros que se pode ler aqui e ali a respeito das múltiplas barbaridades cometidas pelas bárbaras tribos, em especial as dos bairros distantes e diversas periferias urbanas. A imprensa, seja de qual gênero for e não apenas a sensacionalista, faz a festa. E inúmeros são os borra-tintas venais que se utilizam disso para *provocar torrentes de lágrimas*. No franglês contemporâneo, isso se chama ir atrás do *scoop*[4].

A expressão que se usa normalmente para *estigmatizar* o fenômeno tribal é "comunitarismo". Como toda crítica negativa, originada do medo diante de tudo aquilo que existe, é uma forma de preguiça que corre o risco de custar caro. Tique de linguagem largamente difundido, tanto à esquerda, quanto à direita, enxergando bárbaros em todos os cantos. É também uma forma de tolice. De fato, não se consegue resolver os problemas eliminando-os por um passe de mágica ou negando sua existência.

Atitude igualmente infantil é a encantação: repetem-se algumas palavras, a maior parte sem sentido, e supõe-se que, assim, resolve-se um problema. Mas, além do medo, da preguiça, da tolice e da puerilidade, o que de fato existe?

Reduzir tudo à unidade foi a característica da organização social da modernidade. Expelir as diferenças. Homogeneizar os modos de ser. A expressão de A. Comte — *reductio ad unum* — resume muito bem esse ideal, o de uma República una e indivisível. E não se pode negar que se tratou, então, de um verdadeiro ideal cujos resultados, culturais, políticos, sociais, foram inegáveis. Mas, em longo prazo, a história humana ensina que nada é eterno. E não é a primeira vez que se observa a saturação desse *ideal unitário*. Impérios romano, inca, asteca, podem-se multiplicar ao infinito os exemplos de formas de organização centralizadas que se encontraram no ossuário das realidades.

Realidades que obrigam constatar, como já foi apontado anteriormente, que a *heterogeneidade* está de volta — aquilo que Max Weber chamava de politeísmo *dos valores*. Daí

---

[4] "Furo" jornalístico. (N.T.)

a reafirmação da diferença, dos diversos localismos, das especificidades das línguas e das culturas, das reivindicações étnicas, sexuais, religiosas, dos vários agrupamentos em torno de uma *origem* comum, real ou mitificada.

Tudo serve para celebrar um *estar junto* cujo fundamento é menos a razão universal do que a emoção compartilhada, o sentimento de fazer parte. É assim que o corpo social se fragmenta em pequenos corpos tribais. Corpos que se teatralizam, que se tatuam, que se perfuram. As cabeleiras se eriçam ou se cobrem de xales, de quipás, de turbantes ou de outros acessórios, até mesmo de lenços de seda Hermès. Em suma, na monotonia cotidiana, a existência inflama-se com novas cores, traduzindo, assim, a fecunda multiplicidade dos filhos dos deuses. Porque é sabido que há muitas *casas* na morada do Pai!

Eis o que caracteriza o *tempo das tribos*. Quer elas sejam sexuais, musicais, religiosas, esportivas, culturais, até mesmo políticas, elas ocupam o espaço público. É uma constatação cuja negação é pueril e irresponsável. É doentio estigmatizá-las.

Seria mais inspirado, fiel com isso a uma imemorial sabedoria popular, acompanhar uma mutação dessas. E isso, para evitar que ela se torne perversa, depois totalmente incontrolável. Afinal, por que não encarar o fato de que a *res publica*, a coisa pública, se organiza a partir do ajustamento, *a posteriori*, dessas tribos eletivas? Por que não admitir que o consenso social, o mais próximo possível de sua etimologia (*cum sensualis*), possa repousar sobre o compartilhamento de sentimentos diversos?

Já que elas existem, por que não aceitar as diferenças comunitárias, colaborar para que elas se encaixem umas com as outras e aprender a combinar-se com elas? O jogo da diferença, longe de empobrecer, enriquece. Afinal, uma composição desse tipo pode participar de uma melodia social de ritmo talvez um pouco mais brusco, mas não menos dinâmico. O ajuste das amostras da música tecno traduz, assim, uma forma de cultura.

Em suma, é perigoso, em nome de uma concepção um pouco envelhecida da unidade nacional, não reconhecer a força do pluralismo. *O centro da união* pode ser vivido na conjunção, *a posteriori*, de valores opostos. A harmonia abstrata de uma unanimidade de fachada está em vias de ser substituída, através de múltiplas tentativas e erros, por um equilíbrio conflitivo, causa e efeito da vitalidade das tribos. Não há mais lugar para velhos ranzinzas, obnubilados pelos "bons velhos tempos" de uma Unidade fechada em si mesma. Aquilo que os filósofos da Idade Média chamavam de *unicidade*, expressando uma coerência aberta, poderia ser uma boa maneira de compreender uma ligação, um vínculo social fundado na disparidade, no policulturalismo, na polissemia. Coisa que, com certeza, apela a uma audácia intelectual. A de saber pensar a viridência de um *ideal comunitário* em gestação.

Sim, há momentos em que é importante usar um pensamento amplo que esteja à altura de apreender as novas configurações sociais. E, para isso, não é possível contentar-se com esses conceitos, autistas, fechados sobre si mesmos, aquilo que se chama em italiano, com toda razão, *concetti*, visões do espírito. Em suma, não se pode, o que é o pecadilho do intelectual, criar o mundo à imagem daquilo que se quer que ele seja.

Audácia, portanto, permitindo apreender que, ao contrário da solidariedade puramente mecânica que foi a marca da modernidade, o ideal comunitário das tribos pós-modernas baseia-se no retorno de uma sólida e rizomática solidariedade orgânica.

Pois, paradoxo que não é dos menores, essa *coisa velha* que é a tribo e essas antigas formas de solidariedade que são aquelas vividas no quotidiano, exercidas o mais perto possível, nascem, expressam-se, confortam-se graças às várias redes eletrônicas. Daí a definição que eu sugeri da pós-modernidade: *sinergia entre o arcaico e o desenvolvimento tecnológico.*

Deve-se lembrar, decerto, que o *arcaico* — em seu sentido etimológico, aquilo é o primeiro, o fundamental — vê multiplicar seus efeitos pelos novos modos de comunicação interativa. À imagem do que foi a circunavegação no alvorecer dos tempos modernos, sendo a navegação a causa e o efeito de uma nova ordem mundial (aquilo que Carl Schmitt chama de "*Nomos* da terra"), certos sociólogos bem demonstram em que "a circunavegação" própria da Internet está criando novas maneiras de ser, de mudar, em profundidade, a estrutura do vínculo social (www.ceaq-sorbonne.org, Gretech, grupo de pesquisa sobre a tecnologia, dirigido por Stéphane Hugon).

Não é necessário ser fanático por essas novas tecnologias interativas para compreender a importância daquilo que se combinou chamar, justamente, de "sites comunitários". *Myspace* e *Facebook* permitem aos internautas tecer vínculos, trocar ideias e sentimentos, paixões, emoções e fantasias. Da mesma forma, o *YouTube* favorece a circulação da música e de outras criações artísticas. E, bem recentemente, o *Lively* tenta "agrupar a vida *on-line*" de seus usuários.

A expressão-chave que se declina a mais não poder é a de *vida comunitária*. E é nisso que se vê que o medo do comunitarismo é bem o fantasma de outra época e está totalmente defasado em relação ao mundo real daqueles que formam a sociedade já, hoje, e com certeza amanhã.

De fato, graças à Internet, instala-se uma nova ordem da comunicação. Que favorece os encontros, o fenômeno dos *flashmobs* são testemunhas disso; em que, em relação a coisas fúteis, sérias ou políticas, mobilizações formam-se e se desfazem no espaço urbano e virtual. O mesmo acontece com o *streetbooming*, que permite que, nas grandes megalópoles contemporâneas, nessas selvas de concreto que favorecem o isolamento, ao se conectar à Internet as pessoas se encontrem, conversem, conheçam-se, criando assim uma nova maneira de estar junto, fundada na experiência comum da criatividade.

Tais redes sociais *on-line*, bem como os fenômenos de encontros que elas induzem, deveriam chamar nossa atenção para uma socialidade específica onde o prazer lúdico substitui a mera funcionalidade. Aliás, é interessante notar que cada vez mais se utiliza o termo "iniciados" para caracterizar os protagonistas desses *sites* de encontros.

Iniciação a novas formas de generosidade, solidariedades com letra minúscula que não têm mais nada que ver com o Estado providencial e sua visão dominante. Se, como indica Hélène Strohl, *O Estado social não funciona mais* (Albin Michel, 2008), é porque é na base, no quadro comunitário e graças às técnicas interativas, que se difunde a solidariedade sob todas as formas. Curioso retorno a uma *ordem simbólica* que se pensava superada.

Mas, para compreender bem tal *ordem*, é importante lançar mão não de um pensamento simplesmente crítico, quer dizer, judicante, mas de um questionamento bem mais *radical*, capaz de apreender os arcanos da sociabilidade. De fato, no próprio âmago do desenrolar histórico, bem como na ação política, há um princípio secreto que é preciso descobrir.

Não será isso o que nos diz a verdade, em sua origem grega, *aletheia*, aquilo que desvenda o que está escondido? E ainda é preciso que se saiba respeitar esse oculto! Estranho paradoxo do pensamento radical: saber dizer claramente o que é complicado, ao mesmo tempo que se aceita reconhecer que as "pregas" do ser individual ou coletivo permanecem uma realidade insuperável. É essa a *lição das coisas* que, continuamente, a existência fornece. É isso que constitui o mistério da vida.

Logo em seguida ao romantismo, e depois ao surrealismo, os situacionistas, nos anos 1960, partiram à procura dessa mítica "passagem noroeste"[5] abrindo-se para horizontes infinitos. E, para fazer isso, eles lançam mão de uma psicogeografia ou *deriva* que lhes permite descobrir que, além da simples funcionalidade, da cidade, existe um *labirinto do vivido*, diversamente mais profundo e que garante, invisivelmente, os fundamentos reais de toda existência social.

Pode-se extrapolar tal questionamento poético-existencial e os arcanos da cidade podem ser úteis para compreender uma estrutura tácita que, em certos momentos, garante a permanência da vida em sociedade. Tácita: que não se expressa verbalmente, que é toda feita de subentendidos. Implícita: que vai aninhar-se nas pregas do mistério e do inconsciente coletivo.

Jean Baudrillard, em seu tempo, chamou a atenção para essa "sombra das maiorias silenciosas", para esse "ventre macio" do social. Da minha parte, de diversas maneiras analisei a centralidade subterrânea, a sociabilidade em negro e outras metáforas que apontam para a indiferença do povo. *Orfandade* da tradição mística sendo, sub-repticiamente, modernizada!

Esse fechar-se sobre si mesmo é frequente na história humana. E é sempre sinal de um pedido de reconhecimento. Contra o patriciado romano, o povo clamou por seus direitos. Acontece o mesmo nos dias de hoje. E o pedido implícito, silencioso, que é difícil de formular, requer que se saiba fazer uma espécie de geomorfologia da vida social. Nesse caso, procurar as estruturas heterogêneas que o constituem.

Que se fique, entretanto, nessa ambivalência, essa bipolaridade entre o que se recolhe e aquilo que se mostra. E que é tanto mais recolhido quanto mais está em evidência. Lembre-se

---

[5] Desde 1490 falava-se em procurar uma passagem marítima pelo Ártico, ao norte do Canadá, ligando o Atlântico ao Pacífico, que permitisse chegar às supostas riquezas do Extremo Oriente. O primeiro a conseguir esse feito foi Roald Amundsen, entre 1903 e 1906. (N.T.)

aqui do comentário que Lacan fez sobre o conto de Edgar Allan Poe, "A carta roubada". É porque ela está ali, sobre o lintel da lareira, que o delegado que a está procurando não a encontra. E, como um eco, ouçamos o conselho de Gaston Bachelard: "não há ciência sem coisas ocultas".

É bom esclarecer que esse *oculto* nos entra pelos olhos. E, por menos que se leve a sério a teatralidade dos fenômenos, esse *theatrum mundi* de antiga memória, saberemos ver aí os novos modos de vida em gestação. Além de nossas certezas e convicções políticas, filosóficas, religiosas, científicas, convém ajustar-se simplesmente, humanamente, àquilo que se deixa ver. Procurar o essencial no inaparente das aparências. Aquelas da vida cotidiana. Aquelas desses prazeres pequenos e pouco importantes que constituem o terreno onde cresce o estar junto. Não será isso a cultura? "Os aspectos que nos são mais importantes estão escondidos por causa de sua banalidade e de sua simplicidade" (Wittgenstein).

Talvez seja a partir de um tal princípio de incerteza que será possível fazer um bom prognóstico. Quer dizer, ter a *intuição* dos fenômenos, essa visão interior que tanto falta à paranoia tão frequente entre as elites. Então o olhar penetrante irá permitir que se veja o núcleo fatídico das coisas.

Fatídico porque não podemos dominá-lo. Ele vem de muito longe e não se deixa dominar pela pequena razão instrumental própria da modernidade. Núcleo arquetípico, cuja fecundidade é importante perceber.

RUMO À GUERRA CIVIL?

Já disse, é urgente ajustar as palavras e as coisas. Devolver a estas uma intrepidez de boa qualidade. Recolocar em pé essas análises desequilibradas, totalmente defasadas com o *senso comum*. Este, aliás, já incorporou a ideia de que os livros só são realmente bons quando corajosos. Pois, como lembra André Gide, não se faz literatura com bons sentimentos. O mesmo acontece com o pensamento, enquanto ele ficar centrado na vida de todos os dias.

De fato, o trabalho do pensamento consiste em *transfigurar* aquilo que se vê, que se sente, que se pressente. Ou, para usar a metáfora, ser um talhador de ideias. Fazer brilhar a ideia ao talhá-la, como se provoca faíscas quando se golpeia a pedra. É assim que se torna possível a conciliação com a memória invencível que, incansavelmente, rói ao mesmo tempo o corpo individual e o corpo coletivo.

É assim, igualmente, que se podem compreender as verdadeiras revoluções, que intervêm regularmente, ciclica-mente, na história humana. Pois para todo homem educado, por menos letrado que seja, a palavra revolução tem um sentido preciso: *revolvere*, aquilo que faz voltar atrás como um círculo, por meu lado prefiro dizer como uma *espiral*, o que o linearismo mecânico ou o progressismo idiota tinham acreditado relegar às idades passadas e obscuras da infância da humanidade. Ou o radicalismo do pensamento, se quiser estar de acordo com *o que é*, deve, justamente, detectar a longa duração das raízes profundas da natureza humana: instintos, emoções, paixões e afetos diversos que constituem o terreno a partir do qual irão crescer as diversas culturas.

Esse é um lugar comum da *doxa* moderna, interpretação apressada do pensamento hegeliano, segundo a qual o que é real é racional e tudo o que é racional é real. É sobre essa base que se funda o conceito central da opinião dos eruditos, a cisão (*Entzweiung*): entre natureza e cultura, corpo e espírito, infraestrutura e superestrutura, a razão e o sensível... Separação que permite a emergência do sujeito e de sua liberdade.

É sobre esse fundamento que, progressivamente, vai colocar-se o individualismo próprio ao burguesismo moderno, bem como todas essas instituições sociais correspondentes ao contrato social que, nunca será demais lembrar, é causa e efeito de um *estar junto* puramente racional.

Pode-se ver em que um tal racionalismo é pertinente para compreender e eventualmente explicar o retorno com toda a força do *emocional*! Aliás, é porque elas não compreendem mais nada do desenvolvimento *societal*, o que, evidentemente, elas não querem admitir, que as elites se vangloriam. Que elas se escondem por trás do dedo em riste do modo peremptório e pontificante. Portando-se como anões de jardim, por trás de suas barbas do século passado ou, conforme eu as chamei (*Iconologies, nos* idol@tries *postmodernes*, Albin Michel, 2008), por trás de suas barbas de três dias, são falsos professores e verdadeiros bandidos.

Falsos professores por quê? Porque, aproveitando-se de sua posição — eles detêm o poder legítimo para dizer, publicar, escrever, agir, organizar —, continuam a instilar e a pôr em prática as ideias de um mundo que acaba, cegos que são para o mundo que começa. E isso porque, de modo inconsciente mas não menos eficaz, pisam no freio com os dois pés, essa "circulação das elites" cujo caráter inelutável Vilfredo Pareto mostrou bem.

Verdadeiros bandidos, por quê? Porque ao fazer isso, de maneira um tanto irresponsável, são eles que provocam as várias explosões, os comportamentos antissociais e as diversas formas de violência que pontuam a vida de nossas sociedades. Trata-se de um paradoxo? De uma provocação de minha parte? De jeito nenhum. Pois é quando uma elite não encontra mais as palavras *pertinentes* que a *impertinência*, sob formas anódinas ou explosivas, tende a se espalhar.

Quando as ideias oficiais não estão mais de acordo com a existência, confrontamo-nos com uma *ficção da representação*. Como não é mais o povo que é *representado* mas sim as instituições estatais, burocráticas ou outras, não é de espantar que se multipliquem os atos de rebelião e de revolta. É nesse sentido que as elites defasadas são o pavio da guerra civil latente que é um elemento notável da época.

São bandidos, pois é com toda impunidade que escrevem suas "teorias" incendiárias, enviando ao *front* alguns tolos, alguns dos quais ainda são prisioneiros da ideia de pôr em prática os sonhos nebulosos de emancipação daqueles que agora se tornaram as sumidades da contestação.

De fato, não vai longe o tempo em que alguns sociólogos ou jornalistas revolucionários, em nome do pequeno livro vermelho de Mao, justificavam as extorsões desse totalitarismo e, como consequência, os vários campos chineses e os massacres cambojanos. Eles chegavam até mesmo a pensar poder aclimatar os campos de "reeducação" para a França (cf. o inesquecível livro de Baudelot e Establet, *L'Ecole capitaliste*, 1973). São esses os mesmos que continuam a repressão nas escolas de formação de professores, ao editar as regras do método sociológico para a educação. É para tremer de pavor! Mas não, com a ajuda do conformismo e da covardia intelectual, podem continuar destilando suas insanas teorias de outra época.

O chamado à guerra civil (que se pense aqui no jornalista Serge July, *Vers la guerre civile*, J.C. Lattès, 1969) era mesmo muito chique nos salões da moda dos bairros ricos de Paris. E, nos bairros mais pobres, os pequenos-burgueses se divertiam por sentir um pouco de medo ao manejar os explosivos... do pensamento. A crítica das armas seguia naturalmente as armas da crítica!

Depois, com a ajuda da idade e dos psicotrópicos, os revolucionários de mesa de bar se acalmaram, criaram barriga e adotaram uma postura séria, tornaram-se senadores, editores, professores universitários, funcionários graduados e outros cargos gratificantes. Mas é no próprio seio dessas funções que eles cooptam seus *herdeiros* e, sobretudo, que os formam. Para quê, se não para desprezar *este mundo*?

Seu terrorismo verbal, seu totalitarismo teórico não mudaram realmente de natureza, mesmo que adotem formas mais moderadas. Boris Souvarin, um bom conhecedor de Stalin, disse justamente em relação aos estalinistas e de uma maneira um tanto crua: "não é porque uma p... muda de calçada que ela deixa de ser uma p...". O que, reconheço, não é muito gentil para com as prostitutas, sejam de que gênero forem, quando se sabe o papel antropológico que desempenharam na história da humanidade!

O que essa *boutade* deixa bem claro é que, tal como um efeito estrutural, o totalitarismo permanece íntegro e importante naqueles que julgam *aquilo que existe* em função *do que deveria ser*. Em função daquilo que eles gostariam que fosse. Nesse sentido, as elites cheias de ressentimento face ao simples *prazer de ser* ou às anódinas alegrias da vida quotidiana baseiam sua melancolia estrutural naquela antiga concepção agostiniana que consiste em achar que o *mundo é imundo*.

As teorias de emancipação do século XIX, como o marxismo, irão substituí-los polindo as armas da crítica contra a *infâmia do existente* (Georg Lukacs). E, a seguir, como relata Lou Andréas-Salomé (*Ma vie*), o freudismo irá considerar que o homem esclarecido deve ser um "cavalheiro do ódio". Quer dizer, aquele que, por definição, deve dizer sempre não ao que existe.

Considerar este mundo imundo, infame, negá-lo: são essas as raízes mais ou menos conscientes do *ressentido* moderno. Jansenismo, marxismo, freudismo, eis as três tetas em que mama a opinião comum que constitui as elites contemporâneas.

Políticos, jornalistas, intelectuais, *culturais*, trabalhadores sociais e *"experts"* de todo tipo, todos postulam um dualismo mortífero entre o Bem e o Mal, o Verdadeiro e o Falso, o Justo e o Injusto, o Perfeito e o Imperfeito, a Civilização e a Barbárie... (deixo você, leitor, prosseguir com essa ladainha). Ficando bem entendido que, nessa dicotomia, supõe-se que eles encarnam o Bem, o Verdadeiro, o Justo...

Daí a miríade desses ensaios, artigos, discursos, tratados eruditos cheios de ideias banais. Produções acomodadas, de um tédio mortal e que mereceriam ser indicadas pelos planos de saúde para substituir os soníferos e outros neurolépticos. O que em si seria um mal menor se isso não traduzisse uma perversão fundamental do papel das elites, que é o de saber *discernir*, ou seja, apreciar corretamente o que está sendo vivido. De saber encontrar as palavras que expressem bem as coisas.

Uma manifestação dessa falta de discernimento é a sub-missão à economia, à produção, ao trabalho. E o sinal mais evidente da marxização das elites é o fato de que a expressão *valor trabalho* se transformou numa encantação repetida cons-tantemente no mundo da produção mencionado. Quer dizer, sinal da defasagem delas.

De fato, ser uma máquina para produzir e para consu-mir está longe de ser um ideal prevalente. E privilegiar tal "infraestrutura", negligenciar as forças do qualitativo, do hedonismo, é testemunho de uma incapacidade de pensar as múltiplas revoltas contra tal "maquinação" do mundo. Revoltas às vezes brutais e quebra-quebra de vitrinas são símbolos dessas manifestações, ou revoltas a meia voz, que podem ser o absenteísmo, a escolha de um trabalho temporário, a associação às organizações humanitárias ou outras formas de benevolência.

O Valor-Trabalho, o trabalho como valor essencial, o trabalho permitindo a *realização* de si e do mundo: esse foi o pivô da vida social que se formou a partir do século XIX. Tratava-se de um *imperativo categórico* ("você deve") incontornável, irrigando todos os discursos educativos, políticos, sociais e baseado nesse pressuposto produtivista tão bem simbolizado pela fórmula poética de Goethe, corrigindo a seu modo o começo do evangelho de São João: "No princípio, era o fazer".

Essas revoltas, a impressão difusa de uma insurreição dos espíritos, sublinham a saturação dessa grande ideologia prometeica ou faustiana — o que deixa lugar a uma outra maneira de se relacionar com os outros e com o mundo.

Fazer da vida uma obra de arte, não mais perder a vida ao tentar ganhá-la, colocar a tônica na qualidade da existência.

São essas as tantas variações do ambiente criativo que caracterizam a pós-modernidade. Portanto, o trabalho é uma opção. No lugar do "você deve", o "mais vale". Não é a primeira vez que, na história humana, a criação é o motor principal da cultura. O *Quattrocento*, a bela Florença, Viena do final do século XIX, o século XVII francês, a Renascença, são todos testemunhas disso.

Por que não admitir que é um *ideal de criatividade* como esse que move em profundidade o imaginário social?

Por que não admitir que existe, no inconsciente coletivo, uma real necessidade de aventura? O que nos obriga a abrir os olhos para a fibra nômade que, de fato, está em ação na vida social e que se pode encontrar, por exemplo, em todos esses jovens que, atualmente, deixam seu país para viver uma aventura existencial e profissional.

Existe no ar uma espécie de *far niente* que se manifesta nas tribos urbanas. Seus cabelos berrantes, suas modas que mudam, suas citações barrocas, suas invenções de linguagem, sua abertura para o mundo anunciam coisa bem diferente da geração perdida ou cristalizada em devoções econômicas. Trata-se de uma criação um pouco confusa, sem mensagem específica, que tem dificuldade para sair da casca, mas que sublinha o fato de que um novo paradigma está em construção.

Criação, aventura, sede do infinito, integralidade da pessoa, todas as coisas que fazem apelo mais aos sentimentos do que a simples razão. Mas, coisas que estão sintonizadas com o ambiente geral. O verdadeiro imaginário da época. É em função deste que, por um lado, convém lutar contra o conformismo do pensamento, essa "*correctness*" onipresente, mas também, de maneira mais ofensiva, saber perceber e referir-se a um *contracânone*. A autores raivosos, às vezes malditos, porém prospectivos e atilados.

Pois, conforme observa Nietzsche, "a maldição do homem é o enfraquecimento e o moralismo". Enfraquecimento do pensamento e moralismo na ação são as duas faces de um ressentimento que incita a recusar este mundo, esta sociedade, em função de um mundo e uma sociedade sempre *por vir*.

O que parece estar em jogo no apocalipse contemporâneo é que ele *desvenda*, *desmascara* (*apokalupto*, *Dictionnaire étymologique*, de Pierre Chantraine) as saudades de um paraíso perdido e as melancolias de um paraíso futuro. Ao fazer isso, ele *descobre* o que tem de autossuficiente este *mundo*.

O contracânone que opera no inconsciente coletivo é

como um eco longínquo da obra de Spinoza, Proudhon ou Bakunin. Quer dizer, de autores que desalojam o Deus único de sua postura transcendental, fazendo o mesmo com o Estado dominador. Sensibilidade panteísta, acentuando a imanência do divino e do poder societal.

Aquilo que, indo contra o desprezo pelo que é, vai festejar o "mundano", a mundanidade, a intermundanidade. Com certeza não no sentido trivial que se costuma atribuir a esses termos, mas em seu significado radical: aquilo que nos prende aqui. Aquilo que nos faz *estar aqui, ser daqui*. Aquilo que, com energia, a reflexão de Heidegger sobre o *Dasein* buscou pensar.

Deve-se convir que existe aqui uma profunda mudança, uma mutação, um câmbio. Apocalipse, eu disse, clamando pela elaboração de um pensamento *radical,* no lugar de nossa habitual e moderna atitude crítica. Radicalidade que se enraíza naquilo que está aqui. E, depois, pensamento concreto, quer dizer, crescendo com o que está aqui.

Radicalidade que nos obriga a repensar as características essenciais do estar junto. O que foi feito do *consenso* necessário a toda a vida em sociedade?

O "contrato social" que, a partir do século XVIII, estabeleceu--se, contrato social de essência racional, privilegiando o cérebro e domesticando as paixões e marginalizando as emoções, esse contrato social está sob todos os aspectos totalmente saturado. A lei do Pai: a de um Deus único, ou do Estado onipotente, a do patriarcado e da predominância masculina, está superada.

É interessante, então, ver como se utiliza, sob múltiplas formas, o termo "pacto". Pacto ecológico, pacto presidencial, pacto entre estados e pacto afetivo. Tudo isso ressalta que, em seu sentido etimológico, o consenso (*cum sensualis*) não se reduz à racionalidade, mas comporta uma forte carga emocional. Que ele põe em jogo paixões e afetos diversos.

Eis porque o deslizar das palavras, do *contrato ao pacto*, é completamente significativo.

A mãe terra, *"Gaia"*, recupera sua honra e a *lei dos irmãos*, feita de horizontalidade, tende a reencontrar alguma força e vigor. É esse o desafio que a socialidade pós-moderna nos faz. Ela é mais *autóctone*, vinculada a esta terra, mais sensível também: os humores individuais e sociais ocupam nela um lugar de destaque.

Para retomar uma expressão do sociólogo Max Scheler, está a caminho um *Ordo amoris*, priorizando o sentimento de pertencer e a experiência vivida. Todas as coisas enraizam-se no aqui e agora. Quer seja no território *stricto sensu*, quer nos territórios simbólicos que são os *sites* comunitários na Internet. Nisso, todos se dedicam a aproveitar como podem aquilo que se deixa ver e aquilo que se deixa viver. E no contexto de um pacto tribal.

Les Chalps
(noite de 4 de agosto de 2008)

MATRIMONIUM
Pequeno tratado de ecosofia

*De tempos em tempos acontecem cataclismos
que nos incitam a voltar à natureza,
quer dizer, reencontrar a vida.*
A. Artaud, *O teatro e seu duplo*

I. DO PROGRESSO AO PROGRESSIVO

O que recebi de meu lar
e de meu país passou para meu trabalho.
M. Heidegger, *Ma chêre petite âme.*
Lettres à sa femme.

Invaginação do sentido. Não é isso que caracterizaria, no melhor dos casos, o espírito do tempo? Ou, ainda, que seria a marca essencial da pós-modernidade? Em longo prazo, foi exatamente o contrário que se impôs. O sentido projetava-se. Sob esse aspecto, basta observar que, em numerosas línguas latinas, o *sentido* significa ao mesmo tempo a finalidade e a significação. O que implica que só tem sentido (significação) aquilo que tem um sentido (finalidade). Como indicam estas antigas expressões filosóficas: *logos spermatikos, ratio seminalis.* A razão era projetiva.

Tenha-se consciência ou não, o ambiente específico da modernidade ocidental foi, em seu sentido etimológico que acabo de lembrar, "espermático". Dentro do quadro de suas instituições educativa, social, política, econômica, o que prevaleceu foi a mobilização das energias, individual e coletiva, tendo em vista uma salvação futura: a Cidade de Deus celestial (Santo Agostinho) ou o Paraíso terrestre (Karl Marx) a realizar-se no futuro.

O antropólogo Gilbert Durand muitas vezes relembrou, ao longo de toda a sua obra, que as figuras dominantes do "regime diurno" do imaginário ocidental eram objetos hirsutos, contundentes, cortantes. Objetos que, tal como o falo, têm a função de penetrar, fustigar e, portanto, dominar uma natureza inerte, passiva, à espera de um herói fecundador.

Como se fosse um símbolo iluminador que, em longo prazo, vai deixar traços na memória, ou seja, deixar sua marca em profundidade na memória coletiva e, através da arte, da arquitetura, da literatura ou do pensamento, influir na organização das sociedades ocidentais.

Tudo isso foi dito de muitas maneiras. De minha parte, numa época em que não era moda, eu fiz uma análise crítica do mito do Progresso (*A violência totalitária*, 1979) e de sua capacidade destrutiva. O *totalitarismo* a que ele induz termina, inelutavelmente, pela devastação do mundo e dos espíritos. Hoje em dia, não há mais dúvidas quanto a isso. E as consequências mortíferas, tanto no ambiente natural quanto no social que disso resultam, provocam a tomada de consciência de que um outro espírito do tempo está em gestação. Está em curso uma mudança climática.

Quando se tem a lucidez e a humildade de observar, a longo prazo, as histórias humanas, percebe-se que, sempre, o apogeu de um valor provoca seu declínio. São numerosos os termos, eruditos ou familiares, que expressam esse fenômeno. Os sociólogos irão falar de um processo de *saturação*, os historiadores de inversão *quiasmática*, os psicólogos de compensação. Não importa o termo empregado. Trata-se de uma inversão de polaridade, *causa e efeito* de uma profunda mutação societal ou antropológica.

Lembremo-nos, aqui, daquilo que é, de antiga memória, uma das intuições fundadoras do pensamento, no caso a palavra de Anaximandro: *"genesis kai phtora"*, expressando a ligação íntima entre a gênese e o declínio. Movimento pendular que convém saber exprimir. Pois toda mutação em curso precisa de uma transmutação da linguagem que a expresse.

Pois nada é intangível. As metamorfoses estão na ordem do dia. E de nada serve agarrar-se à Modernidade como uma ostra a sua pedra. Portanto, é preciso saber expressar o espírito da época. Não é coisa fácil, tanto que a rotina filosófica, aquilo que Durkheim chamava de "conformismo lógico", faz às vezes de pensamento. Aliás, é na sabedoria popular que se pode, como sempre, achar maior lucidez. É o caso de uma inscrição num muro de subúrbio de Porto Alegre, Brasil: "A crise passa. A vida continua."

Fórmula sensata do bom senso que exprime, a longo prazo, a pujança do querer-viver popular. Pois, parafraseando Galileu, é obrigatório dizer: "E, contudo, ela vive", essa vida que os catastrofistas de todos os matizes ocupam-se em denegrir. E é tanto verdade que a atitude chorosa é a marca registrada de todos aqueles que, tendo o poder de dizer, escrever, fazer, confinam-se em lamentações e deplorações.

Intelligentsia cheia de ódio, de ranger de dentes e incapaz de ver que o declínio é o sinal de uma nova gênese. Ela tem saudades do grande momento que foi o progressismo moderno e, por ressentimento, é incapaz de apreender a *sensibilidade* ecológica redescobrindo uma inegável força e vigor. Ressentimento que se exprime num estilo pio e verborrágico que caracteriza todos esses artigos, livros, ao mesmo tempo banais e arrogantes, típicos do dogmatismo da modernidade.

Eu já disse com frequência que, em tempo de mudança, seria preciso encontrar palavras o menos falsas possível. Palavras essenciais que possam tornar-se palavras fundadoras. Quer dizer, palavras que descrevam aquilo que virá. Tanto isso é verdade que a fala verdadeira ou a nova fala é, antes, um escutar. Escutar o advento do que está ali. É assim que Fernando Pessoa define a "sociologia das profundezas" capaz de expressar, de dar forma, àquilo que, vindo de muito longe, fala através de nós.

Mais do que se lamentar, e cônscio da vitalidade ambiente, é tempo de lançar mão de um novo *Discurso do método* que seja um esclarecimento retrospectivo. Isto é, que saiba retroceder do derivado ao essencial. Apreender aquele sob a luz deste. É assim que será possível, em seu sentido etimológico e em seu sentido pleno, *compreender* a metamorfose em curso. Ela que nos faz passar de um *progressismo* (que foi vigoroso, que deu bons resultados, mas que se torna um pouco doentio) para uma *progressividade* que reinveste em "arcaísmos": povo, território, natureza, sentimentos, humores... que pensávamos ter deixado para trás.

É isso a *invaginação* do sentido. O retorno à natureza essencial das coisas. Aquilo que, com toda razão, o economista e sociólogo Vilfredo Pareto chamava de "resíduo". *"De natura rerum"*, a natureza das coisas feita de interdependência e de correspondência. De conivência também, não se contentando com o "não" que acabo de chamar de odioso, mas sabendo dizer *sim* a uma existência que, mesmo sabendo-se forjada pela finitude, não deixa de ser vivida enquanto tal, desejada enquanto tal.

A finitude é trágica e se expressa na crueldade. Mas pode haver uma forma de júbilo na aceitação dessas características próprias da natureza humana. Não será isso que se pode encontrar na arte contemporânea, nas músicas juvenis, nas coreografias e performances pós-modernas? Pina Bausch e Merce Cunningham eram as testemunhas mais marcantes disso. Em cada um deles, como foi o caso em épocas similares, o "teatro da crueldade" faz par com uma aceitação *daquilo que é* e se esforça para dar o melhor de si.

Na natureza, existe uma aceitação daquilo que é. É essa *aceitação*, como atitude *afirmativa*, que lhe confere sua dimensão trágica. Mais do que esperar (fé, esperança, utopia, crenças) a perfeição em além-mundos religiosos ou políticos, o retorno ao natural acomoda-se a este mundo, aqui, acomoda-se a tudo que o constitui, ajusta-se de um jeito ou de outro àquilo que existe.

A natureza trágica não é mais negação, do pecado, do mal, da imperfeição. Em suma, ela não é mais a negação de todos esses ingredientes que fazem parte de nós. Mas, sim, aceitação do claro-escuro da existência. A natureza, compreendida dessa maneira, substitui a *perfeição* pela completude. Para tomar apenas dois exemplos aparentemente opostos, mas muito próximos do ponto de vista hermenêutico, essa completude expressa-se pelo defeito assumido, talvez mesmo desejado, da cerâmica japonesa, ou pelo mau canto do *bad boy* Eminem, até mesmo pelo Diabo homenageado pela música "gótica".

Em todos esses casos, e facilmente se poderia multiplicar os exemplos, o que está em jogo é uma forma de concordância com o ser do mundo em sua realidade múltipla. Não mais o Progresso, explicando a imperfeição, alisando as dobras do ser, mas o *progressivo* implicando-o. Quer dizer, aceitando suas dobras. Um *sim, apesar de tudo* àquilo que é. É esse o fundamento, inconsciente, da sensibilidade ecológica. Aceitação das voltas e desvios, dos labirintos e dos corredores mal iluminados de todos os cômodos sombrios e desordenados da casa (*oikos*) individual ou comunitária. Talvez seja isso que a mística, tal como a grande Teresa de Ávila, chama de *moradas* do castelo da alma.

É essa progressividade natural que o progressismo moderno tem enorme dificuldade de aceitar. De fato, não é fácil aceitar aquilo que Rimbaud chamava de nossa "antiga selvageria". Para retomar uma distinção que propus bem no início de nosso caminho de pensamento: o selvagem é uma expressão do *vigor* nativo, primordial, societal, que o *poder* social, econômico, político dedicou-se a apagar.

É aquilo que Michel Foucault iria chamar "domesticação" que caracteriza as instituições modernas. É o que Norbert Elias chamaria de a "curialização" dos costumes própria da *Dinâmica do Ocidente*. Nesses dois casos, trabalhou-se, através da educação e de uma organização puramente racional do *estar junto* ou, ainda, do utilitarismo próprio da economia moderna, para eliminar os afetos, os humores, os sentimentos fundamentais do animal humano. Este, inicialmente sob o olhar de um Deus superior, passou, a seguir, a ficar sob o olhar de um Estado não menos onisciente. Em ambos os casos, a verticalidade da Razão soberana era o fundamento da vida social.

Eis, porém, que o ponto de inflexão a que eu me referi anuncia a volta do *vigor* selvagem. Vigor que vem de bem longe e que reencontra uma nova vitalidade nas atividades dos jovens, nas multidões esportivas, nas histerias musicais e outras reuniões religiosas. Através de todos esses fenômenos é a selvageria da natureza que se expressa. Atitudes radicais, quer dizer, que reatam com suas raízes profundas que constituem a cadeia sem fim que liga um século ao outro. Cadeia que o progressismo acreditava ter rompido, o século XX sendo, não se pode esquecer, o triunfo daquilo que Karl Marx festejava como sendo *Prometeu libertado*!

Essa figura está sendo substituída pela de Dionísio. Deus das profundezas, deus desta terra, deus *autóctone*. Arquétipo da sensibilidade ecológica, Dionísio tem a gleba a seus pés. Ele sabe tirar proveito do que se apresenta e das frutas ofertadas por este mundo, aqui e agora. Pôde-se qualificar essa figura emblemática de "divindade arbustiva". Um deus enraizado!

Curioso paradoxo. Os deuses não são do firmamento, voltados para o celestial e o céu das ideias? Desvinculados deste mundo e de seus prazeres? Trata-se, aqui, de um símbolo instrutivo. Metáfora que permite esclarecer numerosos fenômenos da sociedade pós-moderna. No gozo do presente próprio ao hedonismo *mundano*, existe algo que se liga a um passado ancestral, a uma memória imemorial. Em seu sentido estrito, uma *ordem tradicional*.

Era o historiador Philippe Ariès que lembrava que o passado é a "pedra de nosso presente[1]". Isso poderia ser seguido pelo assinalar de que o presente não passa da cristalização do passado e do futuro. A intensidade (*in tendere*) vivida agora tem sua fonte naquilo que é anterior e permite que se desenvolva uma energia futura. Cadeia do tempo. Enraizamento dinâmico. O que, ao contrário do antropocentrismo, chama a atenção para aquilo que no homem "ultrapassa o homem". Era assim que Pascal definia o célebre "caniço pensante", a respeito do qual se esqueceu o fato de que, mesmo sendo "pensante", nem por isso deixa de ser "caniço". Pode-se mesmo dizer que não é possível pensar sem a recordação das raízes. Outro modo de relembrar a comunhão estrutural com a natureza.

Pode-se reencontrar, ali, o animismo de antiga memória. Um paganismo revestido de uma forma contemporânea. A *deep ecology* poderia ser sua versão paroxística. *Paganus*. De fato, existe alguma coisa de pagão no sucesso dos produtos "bio", "orgânicos", e no recrudescimento dos diversos valores ligados ao terreno, ao território e outras formas espaciais. O presente é o tempo que se cristaliza em espaço, que não mais projeta o divino para o além, mas, pelo contrário, insere-o no terrestre.

Aí está, ao contrário do *progressismo*, a especificidade do *progressivo*. Aquele acentua o vigor do fazer, a ação brutal e o desenvolvimento desenfreado das forças prometeicas. Este, pelo contrário, liga-se a um movimento vindo do interior, que põe em movimento uma força natural. Mais uma vez, Prometeu e Dionísio! Trata-se de figuras espirituais. Mas são também símbolos operantes por permitirem ver, sob uma nova luz, uma vida quotidiana onde o *bem-estar* não significa nada diante do *melhor-estar*. Vida corriqueira na qual no ritmo dos *trabalhos e dos dias*, o qualitativo, reencontra um lugar primordial.

[1] Ph. Ariès. *Un historien du dimanche*. Paris: Seuil, 1980, p. 36.

Qualidade de vida. Expressão de uso um tanto geral, mas que define bem o espírito do tempo.

É o que nos mostra o filósofo: "a lei oculta da terra conserva-a na moderação que se conecta com o nascimento e a morte de todas as coisas dentro do círculo assinalado do possível[2]". Sabedoria da moderação originada da aceitação trágica de um presente que se pressente precário e que, desde sempre, precisa de intensidade. Um prazer de ser a partir do ser das coisas. É o que parece estar em jogo na socialidade própria da "progressividade" contemporânea. Mas isso só pode ser apreciado adequadamente caso se faça a genealogia do mito do Progresso que, encontrando sua origem na cultura judaico-cristã, desabrochou na época moderna.

---

[2] M. Heidegger. *Essais et Conférences*. Paris: Gallimard, 1958, p. 113.

II. O MITO DO GOLEM

A autoprodução do homem traz
o perigo da autodestruição.
M. Heidegger, *Séminaire de Zäbringen*

A *diversão* é, como se sabe, uma das escapatórias habituais de nossa preguiça intelectual. Mas, como isso não é lá muito aceitável, ela será paramentada de racionalizações, de legitimações umas mais pedantes do que as outras. O espírito da seriedade é, em geral, bem frívolo — coisa que ele se esforça por mascarar por uma agitação frenética e sem objetivo. Dão prova disso as tediosas logorreias dos partidos ecologistas. Particularmente, aqueles *dessa* construção teratomórfica que é a *ecologia política*.

Pobres animais domésticos que, depois de terem seus sentidos atrofiados, ficam estupefatos por aquilo que o poeta chama, admiravelmente, de "o marulhar das causas secundárias" (Claudel)! Em suma, usando um linguajar mais coloquial, estando com o ouvido tapado pela cera, eles são incapazes de escutar, que dirá então entender, o ruído de fundo do mundo. Ou mesmo a barulheira que faz a corrente central de um rio, que, com suas cheias, irrigou por longos anos uma região. À imagem da bacia hidrográfica, existe o que o antropólogo Gilbert Durand chama de "bacia semântica" em que o significado se forma. O que permite compreender a conclusão das causas secundárias, esse *main stream* em torno do qual, progressivamente, tudo vai se organizar e se ordenar.

Vejamos, então, o essencial — aquilo que, na tradição ocidental e mais particularmente a partir das raízes semíticas, vai estar na origem de todas as coisas: o desprezo por este mundo. Para citar, sempre e de novo, Santo Agostinho: *mundus est immundus*. O mundo é imundo. E, portanto, convém atravessar o mais rápido possível *hac lacrimarum valle*, este vale de lágrimas, a fim de alcançar, mais tarde, a beatitude de um mundo por vir.

É esse desprezo que, além de sua forma religiosa, vai ser reencontrado, sob seu aspecto profano, na grande construção marxista. Depois ele vai se difundir, sub-repticiamente, por todas as milícias sectárias, até mesmo nas posturas do radicalismo glamoroso, trazendo uma casquinha de limão para o *Canada dry* das recepções da alta sociedade. Esta terra não presta. É preciso negá-la, refutá-la, mudá-la, reformá-la, revolucioná-la. Desprezo, como já foi dito, que é causa e efeito de uma concepção *representativa* (voltarei a isso mais adiante), *meta-física* do mundo. Tome-se esse último termo *stricto sensu*: além da física. *Physis*: natureza. Natureza selvagem demais e que, portanto, tem de ser domada, forçada, canalizada.

Desprezo que é a recusa *daquilo que existe*. E do ser, em geral. Talvez desse *Grande Ser* de que falava Auguste Comte, esse louco genial. *Grande Ser*: não o Deus abstrato e separado dos monoteísmos semitas, aquele que Lautréamont chamava ironicamente de o *Grande Objeto Exterior*, mas o *Ser* que reúne, organicamente, o conjunto dos vivos e dos mortos, a fauna, a flora e outras manifestações do "impulso vital".

É o desprezo por esse *impulso* que manifesta uma profunda hostilidade a toda imanência. O "além-mundo"[1] religioso ou profano leva a apostar tudo na transcendência: Deus, o Estado, a Instituição e se poderia, à vontade, multiplicar as maiúsculas conotando uma concepção perfeitamente abstrata

---

[1] Conceito de Nietzsche que designa os "mundos" inacessíveis. Em Platão, mundo inacessível é o mundo das ideias; em Kant, o domínio do número. Desistir da ideia de que esses mundos possam existir permite um entendimento *deste* mundo no qual aquilo que (a)parece é — de que este mundo não é apenas ilusão ou cópia imperfeita de um mundo perfeito. (N.T.)

da existência quotidiana e das experiências que a compõem. É a soma de todos esses desprezos que vai levar àquela que é uma das características essenciais da modernidade: a negação do instinto. O que tem como corolário um ascetismo estrutural, fundamento, como demonstrado por Max Weber, da *ética protestante*. De modo mais geral, fundamento de um *habitus* ocidental, para o qual o corpo, o desejo, o hedonismo, o prazer de viver, em suma, tudo o que nos "harmoniza" com este mundo, é considerado sem importância, até mesmo como um resquício pagão, portanto diabólico, e que, como tal, deveria ser ultrapassado.

É essa "lógica do dever ser" que vai ser encontrada na educação, na vida social, na organização asséptica da existência. Sociedade sem riscos em que a morte negada leva, como se pôde dizer, a que o fato de não se morrer mais de fome ou de frio é compensado pelo fato de morrer de tédio. O "Melhor dos Mundos" é aquele que os totalitarismos pintam. Não muda nada o fato de serem rígidos ou brandos: a negação do *humus* (o dos sentidos, do sensível, do corpóreo) no humano leva inevitavelmente ao pior dos mundos. O inferno, como se sabe, está pavimentado por boas intenções.

Ascetismo é outro nome para o que está desencarnado, desenraizado. É preciso recordar a figura de Dionísio, que descrevi como uma "divindade arbustiva", uma divindade *mundana*, subterrânea e cuja especificidade é, justamente, simbolizar, cristalizar o prazer de viver. Ao mesmo tempo, efêmero e intenso. A aceitação do destino, da morte, quer dizer, do natural é a caução de uma vida em que todos os possíveis são vividos em plenitude. Encontra-se aqui uma temática nietzscheana: o espírito dionisíaco é aquele que ama seus instintos.

Fiquemos no *main stream*. Além ou aquém dessas "causas segundas", metodologicamente tal desinteresse vai manifestar--se no e pelo processo de separação. Separação inicial da Luz e das Trevas pela qual se inicia a Bíblia (*Gênesis* 1,4), depois todas as dicotomizações sobre as quais repousa a tradição ocidental. Corpo e espírito, natureza e cultura, material e espiritual, bem e mal, falso e verdadeiro, são numerosas as polaridades irredutíveis que constituíram as especificidades de nossas representações do mundo. Aliás, é importante lembrar que é essa dicotomização do mundo que garantiu a performatividade do modelo científico. De fato, é graças ao procedimento analítico (*analusis*: dissolver), que consiste em separar o todo em partes, que se pôde "explicar" a vida, natural e social. Esclarecê-la. O todo cortado em pedaços não é mais uma entidade estranha, estrangeira, inquietante e ameaçadora, e se torna progressivamente dominável, manipulável, contável, numa palavra, domesticado. Aqui se está no coração pulsante daquilo que o historiador das ciências Thomas Kuhn chamou de "a estrutura das revoluções científicas"[2]. A saber, graças à análise científica, a possibilidade para uma civilização de seguir a *via recta* da razão. E, para fazê-lo, a fim de ir diretamente ao objetivo, deixa na beira da estrada todos os *impedimenta*, bagagens inúteis, que deixam mais pesada a marcha: o onírico, o lúdico, o festivo e outros parâmetros não entram no projeto providencial da Deusa Razão. Diretamente ao objetivo, é verdade, mas a Marcha Real do Progresso parece um pouco marcar passo, ou, para dizer de outra maneira um tanto sofisticada, está-se em plena *heterotelia*. Chegou-se a um objetivo diferente (*hetero telos*) do que estava previsto: um *não mundo*, uma devastação do mundo. Efeito perverso, se se quiser, mas efeito previsível.

Não se deve esquecer de que, depois da *separação* inicial, o jardim do Éden é dado ao homem para cultivar (*Gênesis* 2,15). O homem deve dominar a Terra. Ele tem a posse da fauna e da flora. Essencialmente, é movido por uma lógica da dominação. O animal humano está programado para erigir-se

---

[2] T. Kuhn. *Structures des révolutions scientifiques*. Paris: Flammarion, 1972.

como dominador de todas as outras espécies animais. Ou, para dizer de modo metafórico, nosso cérebro reptiliano só pode responder à injunção divina: "que o homem domine os peixes do mar, os pássaros do céu, o gado, todos os animais selvagens e todos os pequenos seres..." (*Gênesis* 1, 26-28).

Separação — dominação. São essas as duas características do mito do Progresso. São essas as raízes do paradigma moderno. A natureza torna-se um "ob-jeto"[3] (o que é colocado a nossa frente) dominada por um "sub-jeito" (substancial) autossuficiente e, principalmente, que representa uma Razão soberana, fundamento do desenvolvimento científico, depois tecnológico. É por e graças a essa *racionalização generalizada da existência* (Max Weber) que se rompeu a participação mágica, a correspondência mística que o homem, nas sociedades pré--modernas, mantinha com seu ambiente natural. Para ficar numa perspectiva weberiana, foi um tal *desencantamento do mundo* que levou a modernidade à ideia monomaníaca de uma natureza inerte a explorar.

Ideia monomaníaca a que não falta um devir destruidor. O racionalismo sem contrapeso, leva, inelutavelmente, à morbidez. De fato, a característica própria da ação racional é privilegiar a vontade exterior. O mundo não é mais entregue a seu crescimento natural: o mundo, que abunda em si mesmo, está sujeito, em sua totalidade, a uma ação exterior. Ação legí-tima quando ponderada por outros fatores espirituais ou simbólicos, ou seja, quando essa ação se inscreve numa concepção ou uma pré-concepção da totalidade. Mas ação que se transforma em ativismo quando o "fazer", a utilidade, a utensiliaridade, são os únicos elementos que, em última análise, são tomados em consideração. Aqui se está no próprio cerne do *produtivismo* moderno[4].

[3] Cf. M. Heidegger. *L'Affaire de la pensée*. Paris: TER, 1990, p. 18.
[4] Cf. J. Baudrillard. *Le miroir de la production ou l'illusion critique du matérialisme historique*. Paris: Casterman, 1973.

O social, então, não passa de "espelho da produção". O indivíduo em si mesmo e o estar junto em sua totalidade só valem se e quando eles respondem ao *imperativo categórico* do trabalho. Daquilo que se combinou chamar, segundo Karl Marx, de "valor trabalho". Curiosa inversão. Inversão perversa em que a produção não é mais o efeito lógico da vida, mas é esta que se torna totalmente dependente daquela. Que se lembre o mito do Golem: a criatura escapa do criador. E, então, torna-se completamente incontrolável e destruidora. A devastação feita pelo Golem não deixa de lembrar aquela de uma tecnologia sem freios que leva à devastação do mundo, tendo por corolário uma devastação dos espíritos.

Dominar e domesticar a natureza, esse será o lema lancinante, constitutivo da modernidade. Origem bíblica, legitimação filosófica com Descartes e os filósofos iluministas, apogeu nos grandes sistemas sociais do século XIX, sendo o marxismo sua forma completa, é esse o processo inelutável que, durante dois mil anos, vai levar a essa *devastação do mundo*. A natureza não é mais um parceiro com que se pode jogar, parceiro que convém respeitar, mas sim um objeto à mercê de exploradores que pode ser violentado à vontade. Dominar, domesticar, possuir, se se retomam as ocorrências cartesianas, constituem, então, o inconsciente coletivo moderno. Aliás, seria possível dizer *burguesista*, a tal ponto ele se encontra no capitalismo e no socialismo. O denominador comum disso é que tudo (natureza e social) torna-se manipulável, manobrável. Quer dizer que tudo está "em casa", à mão. A mão do homem (logo voltarei a esse ponto) retoma o gesto criador divino. A *Criação de Adão* no afresco de Michelangelo na Capela Sistina do Vaticano é testemunha disso, Deus todo poderoso passa, com a ponta do dedo, a mediação para o homem para que crie, *ex nihilo*, a partir do vazio sideral, informe, aquilo que vai ser a *forma* natural e humana. Nesse dedo do Homem que substitui o dedo de Deus está o resumo simbólico do que vai se tornar o uso implacável da natureza. O homem criador deve, por seu gesto, em sua gesta, dominar, tornar real o que é *elementar*: os elementos (água, fogo, ar, terra) da natureza. É esse gesto que vai constituir a realidade. Então, só é real o que foi criado, o que é "quantificável", o que serve para alguma coisa. Em suma, tudo se inscreve no *uso*.

Mesmo o velho Marx (muitos ficariam espantados se lhes dissessem que são marxistas sem sabê-lo), ao criticar o valor de troca, pretendia valorizar o *valor de uso*, deixando assim manifesto seu prometeísmo desenfreado. Só vale aquilo que serve! Esse poderia ser o lema que, sub-repticiamente, será aplicado às relações com a natureza ambiente, depois às relações que constituem o mundo social. Natureza e social sujeitos ao equipamento tecnocrático que, assim como o arreio para o animal, vai ocupar-se em fazer obedecer, em domesticar, em tornar úteis as energias naturais e as pulsões instintivas humanas.

Heidegger (de quem sou apenas um leitor amador) ao longo de toda a sua obra dedicou-se a pensar, em profundidade, essa chamada à ordem que leva, para retomar sua expressão, à "devastação do mundo"[5]. Ele demonstra claramente como esse *uso* sem freios torna-se *degradação* indomável. Tudo está comprometido, encarregado, preparado para ser utilizável e utilizado. *Comprometimento absoluto* (Bestelbarkeit), essa poderia ser a definição de uma sociedade de consumo onde a explosão, a alienação não é simplesmente econômica, mas engloba a totalidade do ser em suas modulações naturais e sociais, coletivas e individuais.

Aqui, não posso deixar de mencionar a (bela) cantata de J.S. Bach: *Bestelle dein Haus*. Mesmo o foro íntimo, a alma de todo mundo, inscreve-se em tal "preparação". *Preparar*, quer dizer

---

5 M. Heidegger. *L'Affaire de la pensée*, op.cit., p. 19.

levar à perfeição para a vinda do Cristo, ou comprometer-se a esperar a mercadoria, não muda nada o estado de coisas. Em cada um desses casos, existe a ideia de controle, de dominação de si e do mundo. É a mesma ideia da sujeição dos instintos, dos humores, em suma, da natureza ao "equipamento", o fazer obedecer, o acostumar-se, tendo em vista o uso, a utilidade e a eficácia.

Um pequeno trecho retirado do *Fausto* de Goethe resumiria muito bem esse enunciado. O protagonista está em sua sala de estudo. Passa em revista os livros lidos e as disciplinas seguidas. Assinala sua insatisfação em relação a eles. Começa a consultar a Bíblia e chega ao Evangelho de São João, onde está indicado: "No início, era o Verbo" (João, 1,1,). Goethe, de modo premonitório, faz que o texto evangélico sofra uma inversão rica de sentido: "*Não, no início é a ação*" (*die Tat*). Tem-se aí, em resumo e simbolicamente, tudo o que será o papel do *fazer* e do produtivismo na natureza e no social: manobrá-los abusivamente, de uma maneira onde a agressividade não está ausente. Em alemão, *Faust* não quer dizer punho?

Como mostra a arte, especialmente sob suas formas pictóricas ou esculturais, o Ocidente é fascinado pela ação. Assim o dedo, a mão, até mesmo o punho que acabei de mencionar, põem em cena uma teoria ontoteológica do gesto. Do dedo divino ao punho do homem, são inúmeras as ilustrações que sublinham a passagem de quem é testemunha para quem vai dominar a natureza. A partir de um certo momento, então, o dedo criador do Deus-todo-poderoso dará lugar à mão do homem. E a técnica, lembremo-nos aqui de Bergson, não será mais do que o prolongamento dessa mão. Esta é uma forma simbólica forte. Ela é a figura emblemática de um real reconduzido à medida do homem. Aí se está num plano onde só existe humanidade. E uma certa concepção de humanismo, a que prevalece durante a modernidade, irá fundar-se na precedência do homem, esquecendo seus aspectos naturais e a animalidade que é seu corolário.

E como num eco ao homem *senhor e possuidor* de Descartes, que se lembre desta fórmula do Cinna de Corneille: "Sou dono de mim como do Universo, eu sou, quero sê-lo e ainda o serei". Máxima de ouro, repetida por gerações de estudantes e cristalizando bem o espírito da modernidade. Dominar ao mesmo tempo seus instintos e o mundo inteiro. O homem só se realiza quando se conseguiu dominar o natural em si mesmo e em torno de si mesmo.

A formação do homem ocidental pelo viés da educação, da organização racional das instituições, do contrato social, consiste em "extrair" (*educare*) da barbárie para a civilidade, da animalidade para a humanidade. Instituições, Nações-Estados, Estado de direito baseiam-se em tal pulsão *educativa*. Ao risco, como sempre é o caso quando um *modus operandi* torna-se monovalente, até mesmo monomaníaco, de acabar parando em seu contrário. Efeito perverso (*heterotelia*). No caso, a negação da animalidade termina na bestialidade, não é isso que corre o risco de acontecer com essa civilização moderna, sofisticada ao máximo? Uma sociedade onde a ideologia do risco zero distila os *serial killers*, a insegurança cotidiana, os jogos de sufocar nos pátios das escolas, os rodeios de automóveis na periferia de nossas cidades e outros tsunamis reais ou metafóricos, naturais ou sociais.

Isso pode parecer paradoxal, mas trata-se mesmo da resultante inelutável do homem "medida de todas as coisas" que tem tudo à mão e calcula, explica a natureza a partir de tais premissas. Progressivamente, esse *animal racional* (*zoon logon ekon*) vai esquecer o primeiro termo da expressão para acentuar o segundo. Daí esse *pensamento calculador* que vai prevalecer. Aqui se está no coração pulsante da modernidade. Esse cálculo é a causa e o efeito da invenção do indivíduo. Assim como o individualismo epistemológico ou metodológico que lhe serve de racionalização teórica. *Invenção* filosófica com o *ego cogito ergo sum* cartesiano aprisionando todo mundo na fortaleza de seu espírito. *Invenção* religiosa com a Reforma. A *sola scriptura*, a Escritura como único fundamento da fé, deixando ao indivíduo a capacidade de interpretar e, portanto, de entrar em contato com seu Deus. *Invenção* política com os pensadores iluministas, caso de Jean-Jacques Rousseau para quem um *Emílio* consumado é um indivíduo *autônomo*. *Stricto sensu*, que é sua própria lei. Nesse momento, ele pode associar-se com outros indivíduos autônomos para elaborar, racionalmente, o Contrato Social.

É esse indivíduo-indivisível reduzido a uma identidade sexual, ideológica, profissional, que será o pivô essencial da modernidade. *The whole man must move at once*. Como um só bloco ele vai opor-se à natureza. Ou, mais exatamente, vai fazê-la à sua imagem. Lembremo-nos: do dedo divino à mão do homem. Da criação à construção. Nunca será demais insistir nessa cadeia semântica: construir, construção, construtivismo. O *construído* é aquilo mesmo que se vai opor ao *dado*. E o indivíduo é o vetor desse processo.

É frequente, para os espíritos apressados ou superficiais, falar do individualismo contemporâneo. Esse suposto *individualismo* é um termo de múltiplas utilidades, uma palavra de ligação. Um suspiro numa melodia tediosa. Para os espíritos atentos, pelo contrário, assiste-se à fragmentação da fortaleza individual. Pensa-se, age-se, fala-se pelo outro. É a *tribo* que faz de mim aquilo que sou, que me impõe códigos, modos de vestir, práticas de linguagem. As Leis da imitação (Gabriel Tarde) tendem a se generalizar. O institucional está na ordem do dia. Falei, faz tempo, da "pessoa plural" (*A Conquista do Presente*, Rocco, 1994), dupla, em dobro. E, por esse desdobramento, aberta ao mundo natural.

Sejamos lúcidos. Ultrapassemos os conformismos do pensamento e as facilidades da *doxa* intelectual. O indivíduo e o individualismo são categorias adequadas, não à pós-modernidade nascente, mas, sim, à modernidade que termina. São mesmo as pedras angulares da construção social que, a partir da filosofia do século XVII, vai reforçar-se no Contrato Social do século XVIII e afirmar-se nos sistemas sociais do século XIX. Estes são o apogeu da modernidade. Depois, esse *indivíduo* contratante vai sobreviver, alguns decênios no século XX, para terminar como a *pessoa* protagonista dos diversos PACTOS (societal, ecológico, afetivo) da pós-modernidade.

Mas fiquemos, por enquanto, no indivíduo racional moderno (e, portanto, em vias de ser ultrapassado). Ele é a peça-chave desse subjetivismo que é preciso compreender, não em seu sentido psicológico, mas sim antropológico. O sujeito domina o objeto por meio desse *pensamento calculador*, baseado numa verdadeira lógica da dominação. Subjetivismo que, embora não seja consciente, permanece o alfa e o ômega de muitos observadores sociais e dos que tomam as decisões de todos os matizes. É esse subjetivismo que, a partir do iluminismo, serviu de fundamento aos vários sonhos de emancipação. E que se mantém, sob forma encantatória nesse psitacismo, essa repetição mecânica de fórmulas vazias fazendo às vezes de análise. É esse subjetivismo que, tal como a *mosca da carroça*[6], acreditou que fazia a máquina mover-se e só conseguiu que ela se precipitasse no abismo. Tanto isso é verdade que, quando se olha para a duração das histórias humanas, os sonhos os mais generosos invertem-se em pesadelos sórdidos. Talvez seja que visando demais para a razão soberana que o sonho de emancipação, face às *correntes* naturais, tornou-se um pesadelo.

---

[6] Alusão à fábula de La Fontaine em que uma mosca, vendo uma carroça atolada, põe-se a voar sobre os cavalos e o cocheiro, zoando, como que animando-os a um esforço para tirar a carroça da estagnação — e que, quando a carroça finalmente se move acredita ter sido ela a causa do sucesso. (N.T.).

Baudelaire, em algum lugar, diz, sobre Deus, que ele é o *maior dos paranoicos*. A *boutade* merece atenção. Dominando bem seu grego, o poeta pensava em sua etimologia: pensamento que sobressai, pensar pelo alto. Numa palavra, abordagem totalitária da realidade. É bem isso que estava na origem do ato criador. E é essa *paranoia* que se vai encontrar no *animal racional* que, como já disse, vai assumir o posto. No racionalismo que se impõe a partir do século XVIII, aquele que era apenas um dos múltiplos parâmetros humanos torna-se o único a ser levado em conta e a ser utilizável. Sistema totalizante e totalitário.

Na genealogia referente à devastação do mundo, o racionalismo (sem dúvida seria melhor dizer o racionalismo mórbido) ocupa um lugar de destaque. De fato, é esse *ego cogito*, esse indivíduo como centro (fortaleza) único de referência que vai, pela *representação*, colocar o mundo à distância. As concepções do mundo fazem deste último uma imagem intelectual, uma imagem cognitiva. Há aqui, de novo, alguma coisa de construído.

O mundo não existe mais como tal, mas sim enquanto *representado*. Daí a despoetização, a *desmagificação*, o desencantamento do mundo. Assim, a catedral será, cientificamente, classificada na rubrica mineralogia. E se esquecerá que, é verdade, existe um arranjo de pedras ali, mas que ela é também um lugar de oração, de emoções individuais e coletivas. Que foi um lugar de trocas de todo tipo: bens, afetos, ideias. Que em sua praça celebravam-se os *mistérios*, momentos de intensa comunhão, vetores de sociabilidade. Para usar uma metáfora, o mesmo acontece com o rio. É verdade que é possível contentar-se com uma análise hidráulica acompanhada por representações científicas. Mas o rio remete, igualmente, às alegrias anódinas dos pescadores, aos sonhos do poeta ou às lembranças que têm os amantes que passearam em suas margens.

Ao reduzir a natureza a uma representação construída por um indivíduo *consciente*, o racionalismo tende a dominar a vida, torná-la abstrata, desligá-la do sensível. Paradoxo, o materialismo torna-se pura ideologia. É assim, conforme foi bem analisado nos anos 1960, que a representação torna-se puro espetáculo. Aliás, não é por nada que o principal teórico desse processo de abstração, Guy Ernest Debord, irá desenvolver, por volta do fim da vida, uma análise crítica e, a sua maneira, atilada, das destruições ecológicas que são um correlato da *sociedade do espetáculo*.

O racionalismo fará, da representação, *a* realidade. Desse modo, ele destrói toda conivência, toda participação, toda *correspondência* poética com as coisas, naturais ou sociais. A representação é causa e efeito da distância, da separação, da solidão gregária que caracteriza a modernidade que termina. Através de um paradoxo instrutivo, a representação inverte-se em *coisa* esclerosada, enrijecida, sem vida. Pode-se aproximar isso daquilo que o jurista Hans Kelsen criticava nas instituições construídas racionalmente que se tornam puras *ficções da representação*. Não é mais o povo, mas, sim, o Estado que é representado[7]. Estado desconectado que, então, não tem mais autoridade. Quer dizer, não sabe mais fazer crescer (*autoritas*) aqueles de quem se supõe que ele é o fiador.

Da mesma forma, o racionalismo representativo, esse que substitui a coisa pela representação, está na origem de um mundo, social e natural, que se tornou estranho àqueles que nele deveriam viver, que deveriam ser os protagonistas essenciais. Curioso fenômeno: a construção acaba em destruições. Em autodestruição. O animal racional, tendo extrapolado sua especificidade, a razão, e dela feito a deusa Razão, (re)transforma-se num animal errante numa terra arrasada. E isso porque foi instalada essa Vontade desmesurada, essa

---

[7] H. Kelsen. *La Démocratie, sa nature, sa valeur*. Paris: s/ed., 1932, pp. 37-38.

Organização tecnocrática da Vontade, que, como instrumento descontrolado, voltou-se contra seu criador.

Mas são visíveis os sinais que mostram como um racionalismo abstrato inverte-se em *razão sensível*. Esta última baseia-se não mais na representação, mas, sim, na imaginação criadora em que a experiência unificadora reencontra uma força e um vigor renovados. A natureza, então, não é mais um objeto inerte a representar e, depois, a explorar, mas sim uma *surrealidade* vivente. Aqui estamos no cerne da solidariedade orgânica própria da sensibilidade ecológica.

III. APOKATASTASIS

'Αποκατάστασις, εως (ἡ)
I. restabelecimento de uma coisa ou de uma pessoa a seu estado anterior, restauração, ARSTT. M. Mor. 2, 7, 12, etc. II. particul.: 1. restabelecimento de uma pessoa doente, ARÉT. 9, 22; 2. retorno de uma estação, PLUT. M. 937f; 3. retorno periódico (de um astro), PLAT. Ax. 370b (ἀποκαθίοτημι)

Como alternativa ao racionalismo paranoico de que se falou mais acima, ao lado do *progressismo* moderno cujas contribuições seria inútil negar e do qual convém extrair o melhor, talvez não seja inútil colocar em jogo um pensamento *progressivo* que leve em conta a totalidade do ser. Contra a pretensão do saber absoluto e, portanto, dogmático, um *pensamento-lembrança* não mais preocupado só com o Futuro (Cidade de Deus, Sociedade perfeita) mas sim com uma duração no presente. Ou seja, uma presença neste mundo, aqui, em que passado e futuro se cristalizam num *instante eterno*.

Trata-se, aí, *stricto sensu*, de uma ordem simbólica que sublinha a identidade profunda entre o homem e as outras manifestações de vida no cosmos. Não mais a simples ordem racional própria da modernidade, mas, sim, uma ordem "emocional". Quer dizer, uma ordem da associação. Lembro, aqui, que quando Max Weber utiliza esse termo, "o emocional", é para sublinhar a atmosfera característica da comunidade. *Stimmung*, ambiente forte que se poderia até dizer viscoso, unindo ao mesmo tempo os membros da comunidade entre si, e aquilo que os une, juntos, ao território, ao terreno, servindo--lhes de suporte. Ligados entre si porque ligados à terra. Ordem simbólica ou ordem emocional. Aqui pode-se reencontrar a *invaginação do sentido* de que se falou anteriormente. O homem não mais separa, parte em pedaços a realidade para tornar-se mestre e senhor dela, mas é um ser humano que, em sua inteireza, reencontra a especificidade e o aspecto fecundador da matriz. Ser original que não procura mais, pela representação, fazer a natureza fazer justiça pelas próprias mãos (e devolver pela força o que foi tomado), mas que deixa que esta se apresente. Deslizamento da representação para a *apresentação* do mundo.

É isso mesmo que se traduz por palavras como compaixão, empatia, *feeling* e outras expressões do gênero que, na relação com a alteridade — o "outro" da natureza, da tribo, da divindade —, privilegiam o *pathos*. Atribuamos a esse termo um significado positivo, o das emoções, das paixões, experimentadas e vividas em comum dentro do quadro de um espaço do qual se tem a guarda. Não se pode dizer melhor a sensibilidade ecológica: a preocupação com a moradia (*oikos*) comum. É verdade que há alguma coisa de neopagã, de panteísta em tal sensibilidade, o que não deixa de inquietar os vários protagonistas dos monoteísmos, fazendo decorrer todas as coisas de uma causa última, a do supremo criador. Isso inquieta igualmente aqueles que, na ordem profana, substituíram o Deus Criador pelo sujeito pensante que triunfa e domina o resto dos seres viventes.

Daí o temor difuso face ao retorno dessas figuras tenebrosas que expressam as crenças arcaicas nas forças naturais. Ora, numerosas são as idolatrias pós-modernas que dão um novo vigor a um paganismo que a cristianização e depois a racionalização do mundo tinham acreditado extirpar. O *New Age* californiano, os sincretismos orientais, os cultos de possessão afro-brasileiros, o marabutismo e outras formas de astrologia, e a lista poderia ser aumentada à vontade, tudo isso é testemunha de um inegável apetite pelo substrato *unitivo* de todas as coisas.

Considero que, entre as duas guerras, o Surrealismo teve a intuição profética de inúmeros fenômenos contemporâneos.

Assim, André Breton evoca o vertiginoso e inestimável *aquém* sobre cujo prolongamento erigem-se os sonhos humanos. Nessa perspectiva, o substrato *unitivo* que mencionei é, ao mesmo tempo, fundo e fundos. Fundamento e tesouro que permitem ser.

Dentro da mesma ordem de ideias, uma das legendas postas por Max Ernst em suas colagens de *La femme 100 têtes* declara, com certa ironia, "o Pai Eterno tenta em vão separar a luz das trevas". Obra e fórmula premonitórias da recusa pós-moderna da dicotomização do mundo ou, ainda, da preocupação com a matriz comum e com uma concepção orgânica das coisas. É preciso dizer e repetir: tanto o Progressismo moderno permanece dominante nas instituições sociais que nos vários *corsi e ricorsi* da história humana há momentos em que aquilo que prevalece é voltar atrás sobre seus passos. A descida às profundezas da experiência, a do inconsciente coletivo onde se encontram alguns grandes arquétipos fundadores. A Grande Mãe, Terra Mãe, Gaia, é um deles.

A sabedoria antiga, é bem verdade, registrou esse fenômeno que ela chamava de *Apokatastasis*. Necessidade no tornar-se necessário e inelutável de tudo, de todos, de voltar atrás, de retornar ao ventre, de voltar às raízes. No ritmo da vida, aspirar a esse ponto fixo que é a fonte. Essa regressão, essa volta a um estado anterior, é uma prática habitual no que diz respeito a uma carreira individual. Talvez seja preciso admiti-la, igualmente, para a "carreira", o caminhar societal. O termo *regressão* não é, no caso, o mais conveniente. Talvez fosse necessário dedicar--se a destacar que se trata, mais, de uma *ingressão*. Ou seja, uma força interna, uma energia que se focaliza no *hic et nunc*. *Ingresso* versus Progresso. No presente, essencial é a presença das coisas, a presença às coisas. Algo que, na época, descrevi com um oximoro: *O enraizamento dinâmico* (*L'enracinement dynamique* — Grenoble, 1978).

Estas linhas dirigem-se àqueles que não se contentam em escutar, mas sabem ouvir. E então poderão compreender a mudança societal em curso. Aqueles que, além das ladainhas convencionais, estão à altura de fazer a experiência do pensamento. Os que constituem o colegiado invisível dos espíritos livres. Livres, quer dizer, capazes de admitir que possa existir um relacionamento com a natureza que seja diferente de um simples *desenvolvimento* (durável ou não, além disso!). De admitir que o ativismo, o produtivismo, o voluntarismo, tendo sido a logomarca da modernidade, chegaram a seu ponto de inversão. O termo *decrescimento* não é, forçosamente, o mais oportuno, pois pode existir um crescimento que não seja desenvolvimento. Um crescimento com base na energia característica da própria natureza. Ou seja, um crescimento cuja medida é o próprio homem.

É, aliás, ao lado ou além do antropocentrismo que os gregos antigos pensaram a *Phusis*. O ser de todas as coisas como *phusis*: o que desabrocha de si mesmo. É certo que o jardineiro pode favorecer as condições de crescimento de uma planta. Ele vai cavar, regar, arrancar o mato. Mas ele não vai puxar o botão para fazê-lo crescer. Ele pode acompanhar seu desabrochar para que o botão dê o melhor de si, mas não pode trocar de lugar com ele. Comparação não é razão. Mas essa metáfora pode permitir que se compreenda o que pode haver de eclosão espontânea na natureza. Ou, ainda, que só há eclosão se houver reserva, recuo. Em suma, matriz. Sem esta, nada poderia produzir-se, crescer ou, simplesmente, ser.

É isso que o senso comum *sabe*, um conhecimento incorporado, de antiga memória. É isso que o racionalismo abstrato esqueceu um pouco. E é esse conhecimento que, apesar de todos os obstáculos, quer dizer contra uma lógica puramente econômica ou financeira, tende a se impor. É isso que se chama uma sensibilidade ecológica. Razão sensível que não se opõe à *racionalidade*, mas ao *racionalismo*. Razão complexa que se enriquece com a experiência dos sentidos. De todos os sentidos, dos sentidos de todos. Já disse muitas vezes: aqueles que sabem ouvir e ver, aqueles que sabem utilizar seus sentidos não podem deixar de reconhecer essa eclosão espontânea. *O espontaneísmo* não é, ou não é apenas, político, mas algo que maltrata todas as instituições herdadas do século XIX.

Assim, para o bem ou o mal, como é o caso com aquilo que está (re)nascendo, existe espontaneidade na recusa do poder educativo que, regularmente, surge no seio dos estabelecimentos escolares ou universitários. O mesmo acontece com a liberdade de comportamento própria da moda e das práticas sexuais. Da mesma forma, a ordem de trabalhar não é mais aceita como evidente. Todas essas atitudes, por outro lado, não são contestatórias, como foi o caso para as gerações precedentes, mas, sim, acentuam um *outro*, uma outra maneira de encarar a vida em comum. Outra maneira de expressar o que se poderia chamar de "ecologia do espírito". Quer dizer, algo que valoriza o nativo, o que vem da origem, o criativo, o étnico, em suma, o natural. *Tempos das tribos*, eu disse. Naquilo que favorece a espontaneidade, ou seja, o não projeto no relacionamento com os outros e com a natureza. Tribalismo que provoca novas formas de solidariedade, de generosidade. Tribalismo que se manifesta, se o desenvolvimento tecnológico ajudar, nas explosões das reuniões altermundialistas[1] ou na banalidade da vida cotidiana. Existe eclosão espontânea na criatividade cotidiana, na estética do dia a dia, nas formas de arte diluindo-se em pequenos pedaços na moradia, na vestimenta, nos cuidados pessoais, na dietética ou mesmo no culto ao corpo. Em cada um desses casos, não é o simples

---

1 Movimento social que apoia a globalização, mas prega que seja dada preferência a valores como democracia, justiça econômica, proteção ambiental e direitos humanos em detrimento das preocupações puramente econômicas. (N.T.)

bem-estar econômico que é privilegiado, mas, sim, um *melhor estar* existencial em que a Mãe-Natureza desempenha um papel não negligenciável. É esse ponto de inversão que os vários observadores sociais não querem, não podem ver, ouvir, compreender, limitados demais que eles são por seu a priori de lamentação. De fato, já tendo explicado minha ideia a respeito em outro lugar, não tratarei disso aqui[2]. Assinalemos apenas que o ulular dos moralistas de todo tipo sobre a perda dos valores não favorece que se ouça essa força obscura, que percorre o corpo social e especialmente notável entre as jovens gerações. É verdade que às vezes é difícil ordenar as diversas manifestações sob o título, familiar e tranquilizador, de Contrato Social. Não obstante, elas expressam uma inegável sociabilidade em que o lúdico, o onírico e o festivo constituem elementos preferenciais nas maneiras de estar-junto.

Assim, com seus *piercings*, suas tatuagens, seus penteados rebuscados e multicoloridos, com suas roupas em que o étnico disputa com o sofisticado, essas jovens gerações expressam, no jogo das aparências, uma graça natural. Graça que, com muita frequência, emparelha-se com uma suavidade, umas relações de igual para igual que não tem mais nada a ver com o formalismo herdado da civilização *burguesista*. O *casual friday*, esse negligenciar elegante da sexta-feira, não se reduz a um único dia da semana, mas contamina o conjunto dos dias úteis e, principalmente, espalha-se pelas diferentes classes, camadas e tribos sociais. Executivos de alto nível e políticos não hesitam em se apresentar com o colarinho desabotoado.

Esse estar à vontade na vestimenta e na postura não deixa de lembrar a atitude do canibal Quiqueg no *Moby Dick* de Melville. Ao mesmo tempo *étnico* em seu corpo e afável naturalmente em seus relacionamentos sociais. Comparação que permite

---

[2] Cf. M. Maffesoli. *A república dos bons sentimentos*. São Paulo: Iluminuras/Observatório Itaú Cutural, 2009.

compreender que existe, no ar, um real *asselvajamento* da existência. Retomando uma expressão familiar, "estar bem na própria pele" exprime uma outra relação com o próprio corpo. O corpo não é mais um simples instrumento de produção ou, eventualmente, de reprodução, como foi o caso no paradigma moderno, mas inverteu-se em corpo amoroso, valorizado, epifanizado, como foi o caso nas sociedades pré-modernas tão próximas da natureza. Os exemplos dados pela teatralidade urbana devem fazer pensar na Natureza em seu sentido amplo e essencial. A partir do quê pode-se pensar no ser de tudo aquilo que está vivo, fundamento da vitalidade tanto individual quanto coletiva. *Fundação* que foi mascarada sob diversas *construções* culturais, mas que uma preocupação arqueológica, genealógica faz ressaltar, hoje em dia, como um *dado* básico.

Já que me referi à genealogia, com a desenvoltura filológica de que Nietzsche deu provas, pode-se sugerir que a essência da *Polis*, do viver junto, não é nem o Estado, nem a Cidade, nem a Instituição, todas essas coisas resumindo-se no social racional, contratual, mas, sim, o *Polos*, o eixo em torno do qual tudo se move. Associação que permite compreender que o fundamento da vida em sociedade é um querer-viver instintivo, o *élan vital*. Aquilo que, de minha parte, chamei de a "potência" societal.

O poder moderno, quer se aceite, quer se conteste essa ideia, é fruto de um homem domesticado, tranquilizado. Aquele da ciência política. A "potência" societal, mais próxima da Natureza, organiza-se em torno desse *Polo* vital e faz referência a um homem que está mais asselvajado. O refluxo do político, o desagrado face aos partidos, sindicatos e organizações representativas, deveriam fazer-nos repensar as modalidades contemporâneas do estar junto. O *doméstico* (*domus*, *oixos*) poderia ser o termo mais pertinente para traduzir o pivô (*Polos*) em questão.

Agora não se está mais numa atividade forçada e furiosa que culminou nessa *forcejar* que é a técnica moderna e a tecnocracia que lhe serve de vetor, mas sim no desdobramento natural das virtualidades e potencialidades inerentes à natureza das coisas. Para *formulá-lo* por meio de dois termos próximos e dessemelhantes, à eficácia moderna corresponde o *eficaz* pós-moderno. Aquela é movida por uma ação externa, esta corresponde a uma força interna não menos eficiente.

Mas essa força interna não é nada menos do que individual. Já disse, o indivíduo e o individualismo são categorias modernas. De fato, a sensibilidade ecológica, a ecologia do espírito, o retorno e o recurso à matriz natural, tudo isso apela para uma *experiência* que não tem sentido sem uma perspectiva filogênica: a experiência pessoal enraiza-se naquela, imemorial, da espécie. É, de fato, a longo prazo que, por sucessivas sedimentações, foram formadas essas maneiras de ser específicas que constituem o fato de morar, comer, vestir-se, numa palavra, a cultura. Quando Aristóteles fala em *Exis* ou Tomás de Aquino em *Habitus*, designam, com isso, o ajuste, a adaptação de uma comunidade ao meio em que vive. Ou, ainda, o ajustamento de uma pessoa a sua comunidade. Aí então a experiência vivida só se compreende a partir da pré-compreensão *implícita* da experiência coletiva.

Deve-se observar que essa temática da *experiência* tende a tornar-se um *leitmotiv*, das conversas cotidianas às análises eruditas. Mas é preciso não se deixar enganar por seu real significado: ela não é mais do que a anamnese de uma pré--estrutura que ultrapassa a pessoa. Portanto a experiência liga esta à natureza ambiente, à linhagem que a precede, ao mundo vivente em geral. Talvez seja assim que convenha compreender a fórmula algumas vezes mal interpretada de Augusto Comte: "os mortos mandam nos vivos". Não se pode computar a idade dos povos, mas ela "conta" muito na experiência individual.

Também na importância que retoma, hoje em dia, a temática da memória histórica, ou mesmo antropológica na vida pública. Da mesma forma, o que se refere ao transgeracional para a psique individual. O interesse aumentado, no campo do ensino, na aprendizagem, na iniciação, no acompanhamento, tudo isso é testemunha de que o "estar-aqui", o *Da-sein* heideggeriano, só pode ser compreendido como relacionamento: não mais *principium individuationis*, individualização moderna, mas *principium relationis*, ou seja, o que me relaciona a um conjunto mais vasto: o grupo, a fauna, a flora, o odor, o tocar, sem esquecer o sentido genésico. Pelo *relacionamento*, todo o mundo só existe pela relação com a alteridade.

É assim que a experiência, no sentido que acabo de dizer, é uma outra maneira de compreender a natureza. Não *forçando*-a, mas ajustando-se a ela. A expansão de si situando-se, para retomar uma expressão de Carl Gustav Jung, em um si mesmo mais vasto. Trata-se, aí, do retorno a uma organicidade cósmica, em que uma pessoa qualquer só pode compreender-se em função de um conjunto mais vasto onde tudo e todos se unificam. Experiência e expansão natural que encontram uma expressão privilegiada no retorno da temática da imitação. A educação é uma *ação de força*. Ela puxa um não ser (criança, selvagem, mulher, natureza) na direção de um ser. Ela se dedica a culturalizar a natureza. A iniciação, ao contrário, acompanha, faz sobressair um tesouro que *já está lá*. Neste último caso, basta fazer crescer uma potencialidade presente. A função da educação, do pedagogo, tende a saturar-se. A do treinador, do *Big Brother*, do mestre etc., vai desenvolver-se.

Sinal muito nítido desse acompanhamento iniciático, o sucesso dos livros e filmes contendo a saga de Harry Potter e as inúmeras obras do mesmo gênero deveriam chamar a atenção para esta frase de antiga memória: é só obedecendo à natureza que se consegue dominá-la. As viagens de iniciação em volta do mundo, as diversas formas de *abrir mão*, os nomadismos sexuais, profissionais, ideológicos, o revezamento dos executivos, tudo isso põe a tônica em um fato evidente, irrefutável: a correspondência, a analogia que o indivíduo estabelece com a natureza ambiente. *Analogia entis*, analogia em ser, que havia sido esquecida e que é lembrada de novo. É em tal *phylum* de território, de comunidade, até mesmo de espécie que se pode compreender o retorno à ordem simbólica própria do reaparecimento das múltiplas *tribos* pós-modernas. A valorização da natureza é seu denominador comum.

A naturalidade corporal e espiritual, o bem-estar existencial que isso significa podem assumir formas bem diversas. Vão desde o desenvolvimento da religiosidade sincretista até as celebrações pagãs da *deep ecology*, sem esquecer o apetite às vezes exacerbado e intolerante pelos produtos orgânicos e outros alimentos naturais. Cada um desses fenômenos é causa e efeito do sentimento de fazer parte: emoções sociais, intensificação da camaradagem ou da amizade. Mas esse sentimento significa, em profundidade, que o outro faz parte do grupo porque, juntos, fazemos parte de um território. Território real: o bairro, a cidade, a rua. Território simbólico: fazer parte comum sexual, musical, esportiva, religiosa.

É a isso que se pode chamar de tribos *naturais*. Para existir, estas precisam *apresentar-se*. Daí a prevalência da apresentação das coisas não tendo mais nada a ver com as nossas costumeiras representações filosóficas. A apresentação não é mais do que a superfície. Como bem mostrou a obra de Andy Warhol: não há nada por trás. O que pode ficar complicado quando se lembra que é na superfície dos fenômenos, daquilo que aparece, que se colocam os problemas, ou seja, aquilo que está no âmago das coisas. Essa relação superfície-profundeza foi analisada por grandes intelectos. Paul Valéry, por exemplo, que zombou daqueles intelectuais naturalmente "de-profundistas". Quer dizer, no lamento do *De Profundis* da liturgia dos mortos, aspirar à realidade da vida futura, à beatitude do além.

É contra esse tipo de lamentação que se manifesta a liberdade natural dos corpos pós-modernos. As calças *baggy* descobrindo umbigos e sendo a epifania dos traseiros, as roupas de baixo exibindo-se sem pudor, os peitos que se desvestem ou, melhor, que se expõem sem falso pudor, tudo isso remete a uma celebração pagã dos encantos da natureza. O mesmo acontece, o que fica manifesto na publicidade, através da ostentação da pele, dos pelos, dos corpos em geral, que são objeto de um verdadeiro culto. Culto do instante, culto do corpo, afirmação não verbal porém não menos real de um hedonismo cotidiano. Em todas essas manifestações, essas *apresentações*, à imagem do que caracterizava o mundo grego, é uma nova relação com os mitos que se instaura: a de uma experiência coletiva.

Mitos cotidianos evoquei num livro anterior, *Iconologies* (2008), (Harry Potter, Zidane, Johnny Halliday etc.) tendo por função essencial confortar a "relação" com o outro e com o lugar que lhe serve de suporte, servindo o lugar de elo. Através dessa celebração do corpo animal e do lugar onde esse corpo se sacode, o que está em jogo é a aceitação dos instintos, dos estratos, das *dobras* que constituem o vivente (individual e coletivo). É nessas "dobras" que vão se aninhar, por sedimentação, todos os hábitos (*habitus* já mencionados) de ser, de pensar, de comportar-se. São esses nichos que podem permitir que se compreenda a naturalidade corporal localizada na teatralidade quotidiana. Não é mais a *história*: tempo, político, social, contrato que prevalece, mas, sim, o *destino*: espaço, ecologia, sociabilidade, pacto. A naturalidade é a cristalização do tempo em espaço. Espaço vivido, provado, experimentado. Outro modo de se relacionar com a natureza.

Existe na experiência cotidiana do espaço vivido uma forma de *junção*, de ajustamento ao outro do grupo e a esse "outro" que é a natureza. O ritmo, *ruthmos*, é, ao mesmo tempo, fluxo e fonte. Movimento e repouso. E "sentir-se bem em sua pele" é poder mover-se porque se está à vontade nesse "espaço" que é a pele. É uma dialogia desse tipo — movimento/repouso, intensidade/*cool*, nomadismo/sedentarismo — que será a marca da sensibilidade ecológica pós-moderna. Isso, o voluntarismo, o ascetismo, o desprezo por este mundo ocidental tinha um pouco esquecido. Ou, em todo caso, marginalizado. Em compensação, essa adaptação às coisas a partir de uma experiência enraizada a longo prazo é um elemento essencial das filosofias orientais.

A esse respeito, todos conhecem a célebre parábola, frequentemente mencionada, do açougueiro do príncipe Wen-hui. Para explicar sua destreza, sua naturalidade corporal e o bom desempenho que daí resultam, é preciso apreender seu *aprendizado* progressivo: saber visualizar o boi em sua totalidade, depois ver apenas certas partes e, enfim, imaginar esse boi em espírito não mais o vendo com os olhos. O outro exemplo, dado no Tchuang-tsé, é o de um charreteiro que faz uma roda. A adaptação à matéria, a esse *espaço* que é a madeira, faz com que em determinado momento ele chegue à boa maneira "entre força e delicadeza"[3].

Ritmo justo, habilidade manual, viés, pode-se multiplicar as expressões, eruditas ou familiares, para sublinhar que não é mais a consciência, a razão soberana, que dirige a ação, mas, sim, uma concordância com a matéria natural que será o caminho tomado pela mão em seu gesto criador. Nesse acordo, o sujeito não prevalece mais sobre o objeto, aliás não mais do que há oposição entre subjetivo e objetivo, mas um constante vai e vem, um *trajeto*. Além ou aquém desses exemplos que os sinólogos

[3] *Philosophie taoïste, Tchouang-tseu*. Paris: Pléiade, 1980, cap. III, pp. 105-106 e cap. XII, p.185.

(como J.F. Billeter) propõem para que meditemos, é um novo paradigma que se esboça. Orientalização do mundo? Talvez, se se entender com isso não mais um Oriente preciso, detectável geograficamente, mas um *Oriente mítico* alternativo ao mundo ativista tendo prevalecido na modernidade ocidental.

É possível que a relação das jovens gerações com seu corpo, sua naturalidade existencial, a recusa do projeto e de uma vida traçada por antecipação, seu desagrado face ao político e a relativização do trabalho que espantam mais de uma pessoa, em suma, a tônica posta no qualitativo da vida, tudo isso seja o índice da saturação do indivíduo autônomo, ativo, dono de si e do mundo que foi o pivô essencial do paradigma moderno.

O que não quer dizer que não haja criação. Uma criação não é simples *construção*, mas elaboração a partir de um *dado*. Há um termo do *Quattrocento* italiano que traduz muito bem essa atitude: *sprezzatura*. Qualidade própria ao homem da corte, educado, refinado, porém atento aos valores corporais. Ele consegue ter um ar natural, mesmo que tenha tido trabalho para realizar esse natural. É bem desse *trajeto* que se trata: registrar a totalidade das coisas, respondendo à totalidade do ser. Ao contrário da dominação desenfreada da natureza ambiente e da natureza individual de que o corpo é a expressão mais próxima, trata-se de considerar essa natureza e esse corpo como elementos aos quais convém ajustar-se. Que é preciso respeitar. E isso, a fim de extrair o melhor. O *melhor ser*. É essa a atitude do aprendiz de marceneiro que se inicia nas diversas formas que dormem na madeira e assim consegue fazer uma bela obra. É esse relacionamento de sempre e de novo com a *coisa* que é preciso compreender e analisar. Não mais a sujeição, mas o deixar-ser.

IV. GEOSSOCIOLOGIA

*Quiqueg tinha nascido em Kokovoko, uma
ilha situada bem longe a oeste e ao sul. Como
todos os lugares de verdade, ela não figura em
nenhum mapa.*

H. Melville, *Moby Dick ou a Baleia*

É verdade, não é muito fácil de entender. Mas *deixar ser* não é equivalente a ser passivo. Sob o impulso dos pensamentos orientais ("orientes míticos", como disse) cada vez mais temos consciência de que pode haver uma "ação não ativa". Oxímoro em sintonia com o espírito da época, em que não se teme ligar, numa *coïncidentia oppositorum*, aquilo que nossa lógica habitual do "terceiro excluído" tinha, repetidamente, marginalizado. Conjunção que se encontra nesses dois píncaros da existência que são a poesia e a vida cotidiana.

De fato, existe no *poiético* uma atitude que, deixando as coisas andar, deixando-as seguir adiante, permite pôr em destaque sua eficácia própria. Sua energia e sua força interna. Não será isso a ambição de toda arte: tornar visível o invisível? Ou, ainda, no sentido inverso do *lamento* da abordagem crítica que leva à inércia do espírito, retroceder do derivado ao essencial. Além da simples cronologia, perceber aquilo que, de modo oculto, destina-se a ser. O eixo teórico dessa sensibilidade: é na sombra que se oculta a verdade das coisas. Isso poderia ser chamado de *geossociologia*, remetendo a um vínculo social forte e residualmente (o "resíduo" de Vilfredo Pareto) enraizado. A ação poiética consiste em fazer sobressair a verdade que está ali, que *já está ali*. Não é assim que Rimbaud apresentava suas visões: "inventar um verbo poético acessível, um dia desses, a todos os sentidos"? *Inventar* que é preciso compreender em seu sentido estrito: *in venire*, fazer vir à luz. Fazer vir aquilo que se manifesta, mas que nossos preconceitos, nossos pensamentos conformistas tendem a negligenciar, a recuar, a negar. A não ação ativa é prestar atenção, contra nossas evidências, àquilo que é evidente.

Permitir a eclosão das coisas. Favorecê-las sem forçar. Nesse sentido, permitam-me citar a descrição que Heidegger faz dos "sapatos de camponês" do pintor Van Gogh: "através desses sapatos passa o apelo silencioso da terra, seu dom tácito do grão que amadurece... por esse produto atravessa a muda inquietude com a certeza do pão, a alegria silenciosa por sobreviver novamente a uma necessidade[1]...". Belo procedimento ruminativo que incita à meditação. Verdadeiro corte histológico que, aquém e além desse pequeno elemento que são os sapatos, permite ler o corpo inteiro. A *poiética* revela a profunda significação desses calçados anódinos, sua verdade. Fico tentado a brincar com um pleonasmo: a verdade verdadeira.

É preciso insistir, igualmente, numa banalidade básica: uma eclosão poiética desse tipo é vivida no quotidiano. Esse quotidiano que os sociólogos marxistas se dedicavam a criticar enquanto expressão cabal da *falsa consciência*, e que seus herdeiros tentam, agora, de maneira dissimulada, analisar ao mesmo tempo em que receiam fazê-lo. Nisso eles têm razão, pois muito dificilmente a vida se deixa conceitualizar. Ela escapa à lógica do *dever ser* e outras injunções morais.

Nem por isso deixa de haver nesse tesouro, nesses fundos, que são a vida corrente, o vivido, o *ali*, uma fonte inesgotável onde "não se pode baixar um balde sem que ele volte cheio de ouro" (Nietzsche). E para "apreciar" (saber colocar seu preço) o que está em jogo na mudança de paradigma em curso, para detectar a orbe da sensibilidade ecológica, é preciso retornar

---

1 M. Heidegger. *Chemins qui ne mènent nulle part*. Paris: Gallimard, 1962, p.25.

àquilo que é infinitamente simples. Aquilo que é quase imediato, sem mediador nem mediação, constitui a vida de todo dia. É preciso interessar-se, juntamente com a história fática ou política, por essas *forças subterrâneas* (Philippe Ariès), origens de todos os *adventos*. Não mais os eventos continuando a obnubilar os vários observadores sociais, mas, sim, os adventos, expressão da poiética (a *ação não ativa*) popular.

Geossociologia ou sociologia das profundezas fazendo, de cada um, um explorador do segredo da natureza das coisas, esse *secretum naturae rerum* de que Pico della Mirandola pedia que fossemos o *cupidus explorator*. Eterno desejo de conhecer, que está na ordem dos apetites. Apetite como o eco do vitalismo existencial. Este é o primeiro, aquele é correlato.

Retornar ao simples, àquilo que é simplesmente a vida, necessita uma forma de conversão do espírito. Conversão que não é feita unicamente pelos que têm o pensar como profissão, os intelectuais, mas, sim, por todos os que têm poder para dizer ou fazer: a intelligentsia. Tanto isso é verdade que continuamos a nos *representar* o mundo a partir de dogmas, transformados em convicções, algo metafísicas. Atitude que, em função do "dever ser", não vê "aquilo que é". Mais de um jornalista, ou homem político, ficariam espantados se lhes dissessem que eles têm uma representação "meta-física"! Entretanto, é comum que se prefira a segurança das certezas aprendidas, as barreiras de proteção econômicas-políticas e outras *ruminações* morais, à audácia do pensamento.

Mas, se se quiser localizar a reserva (*resíduo*) de onde surgem, pontualmente, os adventos sociais, particularmente os que dizem respeito ao novo vínculo com a *terra-mãe*, é preciso tomar um outro caminho de pensamento, saber fazer funcionar um empreendimento todo feito de questionamentos. É em uma *reserva* assim, o segredo da vida cotidiana, que se encontra a natureza das coisas. Daí a necessidade de pôr em marcha "todos os sentidos". Ter o ouvido apurado a fim de ouvir a tonalidade de fundo, o ruído de fundo, o ruído do mundo que pode ficar amortecido pela barulheira político-social cara à superficialidade midiática. Aliar isso ao golpe de vista, esse aprendizado do olhar que sabe reparar o essencial em meio à montoeira de fenômenos adjacentes e secundários. Essa aliança entre os "sentidos" não deixa de lembrar o "senso comum" próprio do pensamento grego. Todos os sentidos e os sentidos de todos eram chamados para compreender o mundo. *O conhecimento ordinário*.

Em suma, não um saber elevado, aplicado mecanicamente a uma realidade reduzida a sua parte racional, mas um conhecimento vindo de baixo, indutivo, ligado organicamente àquilo mesmo que ele descreve. *O pensamento mecânico raciocina, o orgânico, ressoa*. Ele participa da palavra coletiva, do que é "dito" na retórica da vida de todo dia. Diferentemente das palavras ocas, encantatórias e sem sentido (coisa que, com muita frequência, é considerada como sendo uma *análise*), a *palavra* orgânica se dedica a unificar, reunir, sublinhar o que se entrepertence: a vida no que ela tem de holística.

Pode parecer espantoso falar de organicidade ou de atitude holística, coisas que remetem à globalização, à correspondência (em seu sentido místico ou baudelaireano: tudo "responde-se mutuamente"), ao passo que tende a exacerbar-se o que se pode chamar de *esquizofrenia* moderna: ação de cortar, dividir, fatiar, dicotomizar os elementos da natureza para melhor analisá--los e dominá-los. A técnica, em seus aspectos perversos, que ainda está nas instituições oficiais, o alfa e o ômega de toda vida social. A economia, igualmente, que permanece como o vetor central da pilhagem ecológica. Não se deve esquecer, entretanto, o que nos ensina a polemologia: os combates na retaguarda são os mais sangrentos. É quando se percebe que tudo acabou que se faz a maior carnificina. Talvez seja assim que convenha compreender a palavra do poeta: "ali onde cresce o perigo cresce também o que salva" (Hölderin).

A história das ideias bem demonstra que é a anomalia que, muitas vezes, faz a ciência progredir. É o mesmo papel que a anomia desempenha em relação ao devir societal. Às vezes o que parece impossível é mais real do que a realidade oficial. No *irreal oficioso*, ou seja, no imaginário coletivo, existe qualquer coisa de *surreal*: fundamento do viver-junto em gestação. É assim que, à *esquizofrenia* oficial, corresponde, tal como um ruído de fundo, eu disse um ruído do mundo, o desejo de *inteireza*. Característica, se é que há uma, da pós-modernidade. É assim que se pode compreender a estranha, persistente e difusa sensibilidade ecológica. No totalitarismo econômico e financeiro, tudo parece contradizê-la e ela continua, mesmo assim, teimosa, a expressar-se nas manifestações violentas ou na banalidade da vida de todo dia.

É essa atitude *instituinte*, em estado nascente, que se pode qualificar de *holística*, termo utilizado por Durkheim para designar o aspecto global da vida social. O termo fpo retomado pelo *New Age* californiano para significar os processos de interação, de correspondência, de *relacionismo* generalizado. É esse aspecto holístico das coisas que remete a um pensamento orgânico. Onde, aquém e além das hierarquias, das separações e das distinções, comuns à sociologia estabelecida, há a preocupação em reconhecer as múltiplas e necessárias interatividades, ações-reações da realidade global. Pode ser que isso faça sorrir os espíritos sérios e um tanto circunspectos, mas, cada vez mais, é preciso reconhecer que o *tudo é simbólico* de antiga memória reencontra uma atualidade vigorosa na *coligação* mundial. O particular e o universal, o local e o global que se ajustam a essa nova figura que é o *glocal*. Um tipo de universal concreto. Um enraizamento dinâmico em que a *apetência* das raízes faz par com uma *competência* técnica.

No apogeu filosófico da modernidade, no século XIX triunfante, Hegel anunciava o "ardil da razão", que chegava a vencer tudo, fina ponta do universalismo do racionalismo dominante. No século XX, num momento em que a modernidade está acabando, Lévi-Strauss fala, justamente, do "ardil da técnica". Com isso, ele chama a atenção para a dominação mundial de uma economia abstrata, de uma mercantilização generalizada do mundo. Pode-se pensar, e esta poderia ser a *ordem simbólica pós-moderna*, num *ardil da técnica* que provoca um curto-circuito na dominação tecnocrática. Uma técnica que passa do mito progressista ao pensamento progressivo. Ponto de reversão onde iria expressar-se a "sinergia do arcaico e o desenvolvimento tecnológico". Ou seja, a Internet seria o lugar, graças aos sites comunitários, aos fóruns de discussão, aos múltiplos blogs, *orkut* e *home page*, em que iriam difundir-se os vários conhecimentos, os movimentos rebeldes, as reuniões espontâneas (*flashmob*), as trocas comerciais, eróticas, religiosas ou filosóficas.

Circunavegação (cf. Stéphane Hugon, www.ceaq-sorbonne. org) é onde o ardil técnico e a dissimulação existencial se aliam para criar uma socialidade alternativa à dominação tecnocrática. Pode-se expressar essa alternativa por meio de uma metáfora topológica. À linearidade, figura da filosofia da história e emblema do progressismo moderno, opunha--se a circularidade, o retorno do mesmo, de forte conotação reacionária. Combate, se não titanesco, pelo menos tetânico, que opõe os acólitos de Marx aos de Nietzsche. Talvez seja hora de introduzir um terceiro termo nessa cena doméstica: nem a linha, nem o círculo, mas a espiral.

Espiralidade, segundo Goethe, é a característica do mundo vegetal. Espiral que representa o elemento feminino que se opõe à verticalidade masculina. Verticalidade que se pôde *mostrar* que era o símbolo da dominação sobre a natureza. É contra esta que se opõe a *espiralidade* que segue os meandros das eflorescências naturais ou o labirinto do vivido. Espiral cuja forma artística seria o barroco em que os diversos elementos interpenetram-se e estão ligados organicamente.

Foi possível mostrar que a modernidade tinha uma essência clássica: construções em ângulo reto, arquitetônica racional. Por sua vez, a pós-modernidade seria barroca, toda feita de entrelaçamentos e de emoções. Todas as coisas manifestam--se na pertença mútua entre ser natural e ser social. É essa organicidade que se encontra na *filosofia da vida* alemã, no romantismo francês, nas belas páginas de Bergson sobre o *elan vital*, no *Grande Ser* de Augusto Comte e outras abordagens de mesma ordem que não reduzem a riqueza do *mundano* ao homem racional que é a medida de todas as coisas.

Foi mesmo possível dizer (Heidegger) que foi essa autoprodução do homem, essa tônica colocada na construção, algo paranoica e desenfreada, que produziu o perigo da autodestruição. Curioso paradoxo de um cosmos de dominante racional que acaba, de modo quase inelutável, em um possível caos. Concepção progressista do cosmos que esqueceu que o *Kosmos,* em um conhecimento mais equilibrado, via a si mesmo como o ajuste regulado da terra e do céu, do humano e do divino.

Talvez seja esse conhecimento que renasce como uma espécie de *ecosofia* que ainda não sabe como nomear-se. Que não consegue, seguramente, teorizar-se, mas que, na vida cotidiana, vive-se na moradia, na alimentação, na vestimenta. Nesses diversos elementos que formam a verdadeira cultura, não são mais a separação e o corte que prevalecem, não é mais a razão universal que vai servir como padrão. Muito pelo contrário, o que subjetivamente se capilariza nas práticas cotidianas é a preocupação com a conjunção. O corpo e o espírito intimamente mesclados. O materialismo e o misticismo não mais como opostos. O hedonismo mais caracterizado de acordo com uma inegável generosidade. O sentido da realidade econômica não mais uma alternativa às práticas da benevolência. Um certo egoismo tribal que é compatível com a multiplicidade dos fenômenos caritativos. Pode-se alongar a lista desses oxímoros. A lógica da conjunção está na ordem do dia. É esse o âmago dessa *ecosofia* que está em pauta. Insisto em dizer, são práticas da vida corrente. Vividas mais do que pensadas. E, em todo caso, pouco reconhecidas pelas instituições sociais. Mesmo a *ecologia política* que permanece no jogo obsoleto dos partidos políticos é estranha à *ecosofia*, exatamente no que ela fica obnubilada pelas fendas e dicotomias que fizeram a alegria das teorias modernas.

Existe uma bela noção, proposta pelo filósofo Maurice Merleau-Ponty, que, indo em sentido contrário a isso tudo, é perfeitamente congruente com o espírito da época. É o que ele chama de *carne*, "que não é matéria, não é espírito, não é substância[2]". A recusa de conceitualizar e, portanto, de enrijecer o ser vivente em seu devir. Talvez seja essa a descoberta essencial da fenomenologia: o caráter inesgotável daquilo que é. É essa fenomenologia nativa, instintiva, que caracteriza, tão bem quanto possível, a cultura popular e a multiplicidade das práticas cotidianas, especialmente as juvenis, que vivem serenamente num cosmos cujos diversos elementos entrecruzam-se harmoniosamente.

De fato, é no próprio seio da vida cotidiana que se vive, tão bem quanto possível, a sensibilidade ecológica. Aquém ou além da ecologia política, que espera que tudo se resolva num passe e mágica: sendo muita política e pouca ecologia, essa sensibilidade prende-se, simplesmente, à presença das coisas, à presença das coisas da vida. A esse respeito, existem termos que não enganam. Tais como próximo, proximidade, até mesmo

---

[2] M. Merleau-Ponty. *Le visible et l'invisible*. Paris: Gallimard, 1964, p. 184.

as cadeias de lojas que usam como sigla *Proxy*. Aí se encontra o que foi uma intuição da escola de Palo Alto, na Califórnia, que, nos anos 1970, desenvolveu a ideia de *proxemy*, proxêmia.

Lembremos que, ao contrário das cisões universitárias habituais, tratava-se de analisar as várias interações existentes entre o ambiente social e o ambiente natural. De que modo a psicologia, a sociologia, a arquitetura, a biologia, a química etc. eram os caracteres essenciais do que cada um vivia, da maneira mais próxima possível, num *dado lugar*. A *proxemy* vivia-se sem palavras. Era preciso pensá-la. A *proxemy* assim definida escapa, em boa parte, às elites que permanecem obnubiladas pelas instituições estáveis e pouco predispostas a mudanças. É totalmente diferente o que acontece com o povo muito mais receptivo aos valores sensíveis, às forças em movimento, até mesmo ao aspecto primitivo das coisas. Assim, em vez de ridicularizar, seria prudente perguntar-se sobre o inegável sucesso que alcançam, em nossas sociedades pretensamente racionalistas, fenômenos como a clarividência, a astrologia e as várias formas de predizer o futuro.

De nada serve fazer o papel de espíritos fortes. Os fatos são esses. E convém perguntar-se se isso não traduz um singular retorno às energias puras da natureza. Talvez não fosse inútil atualizar as *Formas elementares da vida religiosa* de Durkheim para *Formas elementares da vida social*. Formas que põem a tônica no infinitamente próximo, no infinitamente simples. Como já disse, o imediato naquilo que se vive sem mediação intelectual. Manifestando até mesmo alguma rejeição face a tal "mediação", que é, por construção, dominada pela suspeita, até mesmo pelo desprezo.

Ouçamos esta história que conta Aristóteles (*Partie des animaux*, A5, 645, al.7): "Conta-se, sobre Heráclito, o que ele teria dito a uns estrangeiros que queriam chegar até ele. Aproximando-se, estes viram que ele se aquecia ao lado de um forno de padaria. Pararam, espantados, ainda mais que, vendo-os hesitar, Heráclito os encorajou e convidou a entrar com essas palavras: aqui também os deuses estão presentes". Sim, nesse lugar familiar, com uma necessidade elementar, a de aquecer-se, aí *também* encontra-se o sagrado. Presença às coisas, presença das coisas, eu disse, lembrando esta cadeia semântica: *humus, humano, humildade*. E isso poderia continuar, ao lembrar que, na réplica de Heráclito, existe uma ponta de *humor*. De fato, a presença ao lado do que é *humilde* é a mesma coisa que nos aproxima da natureza e das forças irreprimíveis, tenazes, potentes que nela se agitam.

Eis o vínculo lógico que existe entre esses retornos concomitantes que são a preocupação com a vida corrente e com a natureza. Então, do ponto de vista teórico, convém estabelecer uma ligação entre a sensibilidade ecológica e o fato, próprio da sociologia abrangente, de estar "à altura do cotidiano". Assim, sem preocupar-se muito com as representações políticas seja de que lado forem, o povo tende a "presentificar", a tornar presentes, as formas elementares de sua vida de todo dia: cheiros, barulhos, sentimento de pertencer a um vínculo e a uma comunidade. Em suma, maneira de ser e maneira de pensar. *O lugar faz a ligação*. A ligação, quer dizer o espaço, a natureza e os elementos primordiais que os compõem, tornam visível a força invisível da ligação que me une aos outros. Daí a importância simbólica de um termo como "casa" que, em seu sentido principal remete a esse abrigo comum, onde se pode ter segurança e proteção. Certamente contra o desencadear dos elementos naturais, mas também contra as adversidades sociais. *Domus* em latim e *oikos* em grego tinham essa significação. É possível que isso ecoe, ainda hoje, no inconsciente coletivo. É o que dá força e vigor ao sobressalto ecológico.

É nessa perspectiva que existe uma copertença do ser e de *Hestia*, que é a deusa do lar (*domus, oikos*). É o que lembra

Platão (*Phèdre*, 174 a): "Hestia, de fato, permanece na casa dos deuses, sozinha". Perduração. Permanência. As amarras do lar. Observação que chama bem a atenção para o fato de que uma sociedade, uma tribo, uma nação, um indivíduo, cada um em suas especificidades torna-se o que é em função da fonte secreta que o funda.

Para retomar uma antiga fórmula, comentada e utilizada por muitos pensadores de envergadura, a pessoa *não se torna aquilo que é* a menos, e unicamente, que consiga tornar aparente o que já está lá. Quer dizer, se consegue, em seu sentido pleno, *responder* aos elementos naturais que constituem o indivíduo e a comunidade em que ele se situa. É a isso que se pôde chamar de o *concreto mais extremo* (Walter Benjamin). O da vida de todo dia. O concreto é aquilo com o quê, em função do quê, pode-se crescer. Em seu sentido etimológico: *cum crescere, crescer com*.

E, através dessas expressões, entende-se bem tudo o que remete ao crescimento natural, à efervescência vegetal, à dinâmica material do élan vital. O aperfeiçoamento, a completude, o ponto de chegada (*parousie*) não deve mais ser esperado num hipotético além, mas, sim, no fato de vir à presença das coisas. De ajustar-se a e com essas coisas naturais e com as forças internas do movimento.

Sabe-se que nossa espécie animal utiliza as palavras para dizer o que ela é. É preciso, portanto, ficar atento a esses termos que retornam, talvez de maneira lancinante, mesmo que aqueles que se servem deles não estejam conscientes disso, os usem a contrassenso ou num falso sentido. É o caso de "ético", que frequentemente se emprega no lugar ou como equivalente do termo "moral", quando são palavras diferentes a mais não poder, até mesmo opostas. A moral é geral, aplicável a todos os lugares e em todos os tempos. Ela é resultante de uma concepção racional do homem. E não é pouco vê-la, em essência, desabrochar nos passos da filosofia iluminista, no século XVIII. Ela se interessa pelos *Direitos do homem*, pela Humanidade e é, sob muitos aspectos, abstrata, desenraizada. É nesse sentido que podem existir, e eu me dediquei a mostrá--lo (*A sombra de Dionísio*, 1982) as *éticas imorais*. Quer dizer que aquilo que garante o cimento, a ligação de um dado grupo pode ser totalmente imoral em relação às leis gerais que se supõe que regem a Humanidade. *Ethos, Ethika*, é estar ali. Ficar de pé em um determinado lugar. Adaptar-se, bem ou mal, para o que der e vier, a esse lugar. A ética deve ser compreendida em função de um biótopo, essa área geográfica, de dimensão variável, mas umas vezes bem pequena que oferece hospitalidade ao ser vivente (flora, fauna) que o habita. O biótopo, em ecologia, é o que serve de quadro e de condição de possibilidade à biocenose (*bios*, vida, e *koinos*, comunidade). Ou seja, ao conjunto dos seres vivos.

Portanto é interessante ver retornar o termo ética já que, além do contrassenso moralista, ele sublinha a copertença do animal humano a um vínculo e a uma comunidade. E o comércio, a empresa, a associação que utilizam tal qualificativo não fazem mais do que manifestar o que os liga a um inconsciente coletivo em que o desejo de enraizamento não é um mero sinal de nostalgia algo anacrônico, mas torna-se uma realidade, um cimento, para toda a sociedade. É a partir de tal "ligação", ao território e aos outros, que se pode interpretar o que pode parecer uma expressão enigmática de Heidegger: *die Welt weltet*. Os tradutores tiveram um enorme trabalho: o mundo faz-se mundo, ele se *mundifica*, ele se *amunda*. Talvez, simplesmente, ele abunde. E isso, lembrando que uma das significações desse velho verbo (*welten*) é "levar a boa vida". Assim, além da miséria existencial própria do desenraizamento, do desencantamento, do racionalismo moderno, existe um melhor-estar na adaptação aos outros em função de raízes comuns. Não é exatamente isso que significa a *abundância*, aquilo que une o corpo e o espírito?

Como aí se diz (a coreografia, os filmes, o teatro, a ficção em geral são testemunhas) ou às vezes se vive, simplesmente, sem que seja necessário verbalizá-lo, o ressurgimento estoico de um *amor fati* correlativo a um *amor mundi*: o amor por aquilo que acontece como maneira de expressar sua afeição pelo mundo. Em suma, ajustar-se àquilo que é.

Toda a modernidade é uma longa evolução do místico ao econômico. Ou seja, o prevalecimento de uma ação sobre o dado natural, depois social. É possível, em seguida à devastação que se vê, que se assista a uma inversão de polaridade. Um retorno à origem. A essa *phusis*, essa natureza abundante de que um fragmento de Heráclito lembra *to me dunon pote*, que ela jamais se destrói. É isso que seria essa onipresente e tão pouco compreendida CRISE. A passagem do pleno institucional ao *vazio* matricial. Da certeza racionalista à inquietação questionante. O retorno, além ou ao lado do opressivo, desse crepitar vivo que é a carência, o "nada". O nada, fonte e origem de tudo.

Como sublinhava Goethe, num momento fundador não muito distante do nosso, "fundei minha causa sobre o nada". Assim, chama-se a atenção para o fato de que surgir e desaparecer, nascer e morrer, são polaridades necessárias a toda vida, individual ou societal, e que isso caracteriza, essencialmente, o próprio movimento da vida. Banalidades? Certo, mas banalidades que convém dizer e repetir, tanto somos (ou, em todo caso, nos afirmamos) assegurados da perenidade dos valores sociais que foram fabricados num determinado momento, num determinado lugar: a modernidade europeia.

Talvez além desses valores ativos, ou mesmo ativistas, os da construção do controle e da dominação (de si e do mundo), seja preciso saber retornar ao *nada* fundador, ao vazio natural, ao *dado* protetor e matricial. É a isso que chamei de *invaginação do sentido.* Além do substancial, do ser que é nominado, ou seja, além de entidades estáveis e seguras delas mesmas: Deus, Estado, Instituição, Indivíduo, curioso retorno de uma aspiração ao vazio criador.

Isso não deixa de inquietar. Pois toda a educação moderna consistiu em domar, bem cedo, a juventude e dela extirpar todo aspecto natural, toda selvageria. A tirar tudo que é da origem, portanto original. Ou, empiricamente, de uma maneira vivida, no seio dessa simplíssima vida cotidiana, vê-se reaparecer o "devir-animal" que fica camuflado no cérebro reptiliano de cada um e da sociedade em seu conjunto. Todas coisas próximas do que Michel Foucault chamava de *estética da existência*, que se opõe ao poder *biopolítico*. Deslocamento que se transplanta do Ocidente, lugar da dominação, para o *lado oriental*. Que se dê a esse *lado* um valor metafórico. No caso, que se aceite a finitude e se ajuste a ela. Pois é isso que nos lembra a natureza das coisas. É isso que faz sua força e sua grandeza. A morte é o que há de originalmente violento. A modernidade dedicou-se, através do mito progressista, a apagar ou negar essa realidade. E toda a sua cultura fundamenta-se nessa negação.

O que está em jogo na sensibilidade ecológica e na procura de autenticidade, por meio de múltiplas formas de asselvajamento que a atualidade mostra com sobras, é reconhecer o que pode haver de tranquilizante na aceitação da finitude. Atitude homeopática que não ultrapassa essas características da natureza humana que são a morte, a dor, a violência, mas as integra e, assim, ameniza-as.

De antiga memória, *éros e thanatos* estão ligados estruturalmente. A vida só existe porque a morte tem nela seu papel. É essa a presença tranquilizante da natureza selvagem. É isso que se pode chamar de invaginação do sentido.

Les Chalps
4 de agosto de 2009

SOBRE O AUTOR

Michel Maffesoli (1944) é sociólogo. Professor da Université de Paris-Descartes — Sorbonne, é considerado um dos fundadores da sociologia do cotidiano e conhecido por suas análises sobre a pós-modernidade, o imaginário e, sobretudo, pela popularização do conceito de tribo urbana.

É secretário geral do Centre de Recherche sur L'Imaginaire e membro do comitê científico de revistas internacionais, como *Social Movement Studies* e *Sociologia Internationalis*.

Recebeu o *Grand Prix des Sciences Humaines* da Academia Francesa em 1992 por seu trabalho *La transfiguration du politique*.

É vice-presidente do Institut International de Sociologie (IIS) e membro do Institut Universitaire de France (IUF).

COLEÇÃO OS LIVROS DO OBSERVATÓRIO

CULTURA E ECONOMIA
Paul Tolila

A CULTURA E SEU CONTRÁRIO
Teixeira Coelho

A CULTURA PELA CIDADE
Teixeira Coelho (org.)

LEITORES, ESPECTADORES E INTERNAUTAS
Néstor García Canclini

O MEDO AO PEQUENO NÚMERO
Arjun Appadurai

A REPÚBLICA DOS BONS SENTIMENTOS
Michel Maffesoli

Este livro foi composto em Myriad pela *Iluminuras* e terminou de ser impresso no dia 21 de junho de 2010 nas oficinas da *Orgrafic Gráfica*, em São Paulo, SP, em papel Polen Soft 70g.